AF599331

DE las PELÍCULAS DE

Harry Potter™

LETTERING MÁGICO

TÉCNICAS PASO A PASO para DIBUJAR ALFABETOS MÁGICOS, CALIGRAFÍA CREATIVA, HECHIZOS y MUCHO MÁS

WIZARDING WORLD

DE JAY ROEDER

magazzinisalanies

Thunder Bay Press
Editor: Peter Norton
Editor asociado: Ana Parker
Editor senior de desarrollo: April Graham Farr
Editor de desarrollo: Diane Cain
Editora de mesa: Jessica Matteson
Equipo de producción: Rusty von Dyl, Beno Chan, Mimi Oey
Producido por BlueRed Press Ltd.

Autor e ilustrador: Jay Roeder
Traducción de Alena Pons
Publicado en España en 2022 por Magazzini Salani, una marca de Adriano Salani Editore
Grupo editorial Mauri Spagnol, Italia
www.magazzinisalani.it

ISBN: 979-12-5957-171-7
Primera edición: septiembre de 2022
Segunda edición: agosto de 2023
Impreso en China.

Para mi hija,

PAYTON AURORA

Recuerda siempre que eres
más valiente de lo que crees,
más fuerte de lo que sientes,
más lista de lo que piensas
y
más amada de lo que jamás podrías imaginar.

ÍNDICE

Sección 1

INTRODUCCIÓN

Si estás leyendo esto, lo más probable es que te interesen el lettering y Harry Potter. No puedo culparte: a mí también. Con los años incluso he conseguido unir estas dos pasiones, viendo las películas y escuchando los audiolibros mientras trabajaba hasta las tantas en mis proyectos de lettering.

Cuando me ofrecieron la oportunidad de escribir un libro que fusionara estas dos pasiones, me sentí eufórico. El proceso de creación de este libro no ha hecho más que avivar mi fascinación por el universo mágico de J.K. Rowling. Además, me ha hecho apreciar los pequeños detalles ilustrados y de diseño que aparecen en la películas, ya sean escudos recargados, sellos, preciosas etiquetas de pociones u ornamentados pergaminos. La próxima vez que veas una película de Harry Potter, presta atención a estos pequeños detalles: te garantizo que sentirás admiración por la dirección de arte de las películas, y especialmente por sus ilustraciones y caligrafías únicas.

A lo largo de las próximas páginas encontrarás recomendaciones de materiales, procesos paso a paso, consejos, técnicas e inspiración para crear una amplia gama de estilos de lettering y elementos gráficos, todos inspirados en las películas de Harry Potter.

Ten en cuenta que en este libro enseño mi propio estilo de lettering, que es solo *uno* de los muchos enfoques. Sigue los pasos, interprétalos a tu manera y desarrolla tu propia visión artística.

Mi intención con este libro es compartir todo lo que he aprendido a lo largo de mi carrera relativo al lettering y hacerlo con procesos de cuatro pasos fáciles de seguir. Te desafiaré a cometer y aceptar tus errores, a salir de tu zona de confort y a probar cosas nuevas. Si lo haces, te convertirás en un artista del lettering completo y seguro de ti mismo. Cuanto más esfuerzo y tiempo dediques a practicar, más jugo le sacarás a este libro, como pasa con la mayoría de las cosas en la vida. ¿A qué esperas? Ponte tu película favorita de Harry Potter, coge una pluma y un poco de pergamino... ¡y empieza hoy mismo tu aventura de crear lettering!

JAY ROEDER

Sección 2

MANOS a la OBRA

¿QUÉ ES
EL LETTERING?

El lettering ha estado presente en gran parte de la historia de la humanidad. Hoy en día lo vemos en todas partes, desde campañas de *marketing* a logotipos o señales de tráfico... Y, sin embargo, es un término que la mayoría personas no entiende. Es, en pocas palabras, el arte de dibujar letras. Cada letra trazada a mano adquiere su propio estilo individual y tiene un papel específico en una composición. El lettering puede transformar un mensaje simple en una hermosa obra de arte. Es algo único y expresivo que aporta un toque artesanal que las fuentes del ordenador no pueden replicar. Los artistas de lettering utilizan una serie de materiales para crear sus obras de arte, como estilográficas, lápices, rotuladores, pinceles y tizas.

La escritura a mano es una disciplina que requiere dedicación y práctica, pero por suerte estás en el lugar adecuado. En esta sección conocerás los principales materiales de dibujo, la anatomía de las letras y su proceso de creación en cuatro pasos... ¡Y en un santiamén estarás creando tus obras de lettering!

UTENSILIOS MÁGICOS DEL GREMIO

Elegir los materiales de dibujo adecuados puede resultar una tarea intimidante cuando estás empezando. Por suerte, la mayoría de los utensilios que necesitas son bastante baratos. Aquí debajo verás los principales materiales que utilizo para crear mis proyectos de lettering. Experimenta con diferentes materiales para encontrar tus preferidos. Y recuerda que ni el hábito hace al monje, ni el material hace al arte: es el artista quien lo crea.

BOLÍGRAFOS y LÁPICES

No hay mejor utensilio para planificar una composición que un bolígrafo o un lápiz. A la hora de escoger lápiz, busca una mina cuya dureza que se adapte a tu estilo. Yo prefiero las minas blandas.

GOMAS DE BORRAR

Aunque prefiero no usar demasiado las gomas, son una gran herramienta para realizar pequeños arreglos y ajustes.

LÁPICES DE COLORES y ROTULADORES

Los lápices de colores y los rotuladores son ideales para colorear tus obras. Cada uno proporciona un resultado muy diferente. Los rotuladores son vivos, con un color sólido, mientras que con los lápices se consigue un aspecto más orgánico en que resaltan los trazos del artista. Prueba ambos para decidir cuál te gusta más.

PAPEL

Experimenta con distintos tipos de papel hasta que encuentres uno con el que te sientas cómodo. A mí me gusta usar papel de calco, ya que me permite calcar mis bocetos.

TABLET y LÁPIZ DIGITAL

Utilizar una tableta y un lápiz digital tiene muchas ventajas, sobre todo en cuanto a la eficiencia del proceso de creación del lettering.

ANATOMÍA DE LAS LETRAS

Antes de adentrarse en el mundo del lettering, es muy útil contar con unos conocimientos básicos sobre la anatomía de las letras que componen un alfabeto. Comprender las distintas partes de una grafía te permitirá deconstruirla visualmente y, a la vez, te facilitará la creación de tus propios estilos. A continuación, encontrarás un breve resumen de la terminología más común asociada a la anatomía de las letras.

Serif

Se caracteriza por los pequeños remates o adornos en los extremos de cada trazo.

Sans serif

Se caracteriza por la ausencia de remates o adornos en los extremos de los trazos.

Ascendente
Altura de mayúscula
Expecto
Altura de x
Línea de base
Descendente

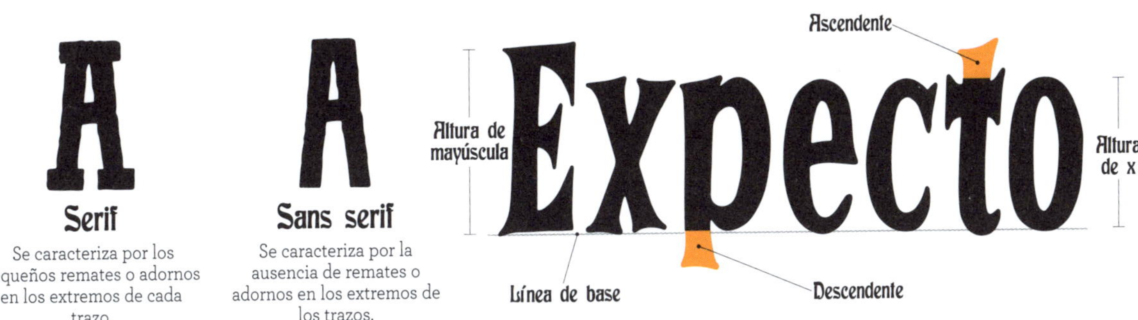

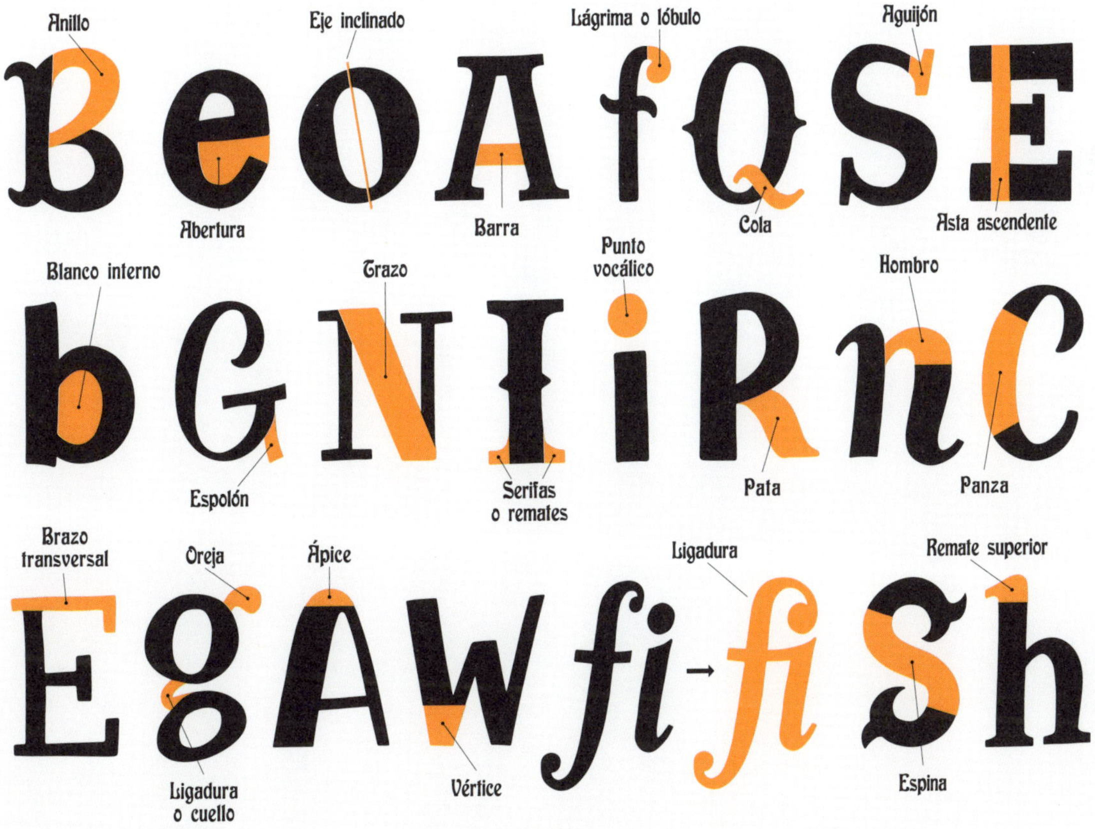
Anillo
Eje inclinado
Lágrima o lóbulo
Aguijón
Abertura
Barra
Cola
Asta ascendente
Punto vocálico
Blanco interno
Trazo
Hombro
Espolón
Serifas o remates
Pata
Panza
Brazo transversal
Oreja
Ápice
Ligadura
Remate superior
Ligadura o cuello
Vértice
Espina

EL PROCESO DEL LETTERING

Establecer un proceso de trabajo puede ser una de las mayores dificultades a las que te enfrentes. Puede que tengas una visión de cómo quieres que sea tu obra ya terminada, pero que no sepas cómo llegar hasta ahí. Con los años, he creado mi propio proceso simplificado para dibujar lettering, que se reduce a cuatro sencillos pasos.

1 ESQUELETO

Cuando uno está empezando, puede resultar tentador lanzarse inmediatamente a crear la versión final de la obra. Sin embargo, es importante construir una base sólida para alcanzar la línea de meta. Todas mis ilustraciones empiezan con un esqueleto, un dibujo lineal simplificado de la letra que servirá como base para los siguiente pasos. No hace falta que las líneas sean limpias todavía.

2 BOCETO SIMPLE

Una vez que tengas el esqueleto, es el momento de añadirle grosor a las letras. En este paso se establece el estilo de las letras. ¿Quieres que sean serif o sans serif? ¿Grandes o pequeñas, altas o bajas? El paso del boceto simple es muy importante para identificar y concretar las opciones de estilo que marcarán la dirección de tu obra de lettering. Haz líneas suaves y evita añadir demasiados detalles.

No tengas miedo de cometer errores por el camino. Las líneas desiguales y los errores pueden añadirle personalidad a tu obra de lettering. ¡Abraza las imperfecciones!

MAGIC

3 BOCETO LIMPIO

Una vez tengas el boceto, es el momento de limpiarlo y pulir las letras para preparar la versión final. En este punto, me gusta borrar las líneas del esqueleto y añadir pequeños detalles, como la línea interior que ves aquí arriba. Refinar un boceto puede llevar un poco más de tiempo que los pasos anteriores, pero le da un aspecto más acabado, lo cual resulta muy gratificante. Vale la pena tomarse este paso con calma y evitar las prisas.

MAGIC

4 COLOREADO

La parte más difícil ya está hecha. Has creado un diseño detallado en blanco y negro; ahora es el momento de darle vida coloreándolo. Usa un bolígrafo o un rotulador para repasar las líneas de tu boceto limpio. A mí me gusta poner una hoja de papel de calco sobre él para no tener que borrar las líneas de los pasos anteriores. Si quieres colorearlo digitalmente, escanea las letras delineadas y envía el archivo a tu ordenador o tableta.

Sección 3

LETTERING E ILUSTRACIÓN

INTRODUCCIÓN AL
LETTERING Y A LA ILUSTRACIÓN

El lettering es un arte en sí mismo, pero añadir pequeños dibujos a una composición de lettering puede darle un toque divertido y dinámico. Estas ilustraciones adicionales pueden mejorar mucho una composición, incluso si son diseños muy sencillos, como un estandarte hecho jirones, una varita, una poción o un caldero.

En esta sección aprenderás a dibujar algunos alfabetos y dibujos sencillos inspirados en Harry Potter. También practicaremos cómo combinar lettering e ilustraciones para que una composición quede equilibrada.

ALFABETO TRAVESURA MUGGLE

Este alfabeto serif está inspirado en un tipo de letra que aparece mucho en las películas. Se caracteriza por su aspecto juguetón y poco convencional. Observa detenidamente la forma de las letras y aprende a dibujarlas desde el esqueleto hasta el coloreado siguiendo la guía que hay debajo.

A B C D E
F G H I J K
L M N Ñ O P
Q R S T U
V W X Y Z

CÓMO DIBUJAR ESTAS LETRAS

B B B B

Empieza trazando el esqueleto. Hazlo lo más simple posible: será la base para los próximos pasos.

Divide visualmente la letra en formas geométricas. No tiene que ser un diseño totalmente definitivo. Los remates deben ser alargados e inclinados.

Limpia la silueta de la letra para facilitar el paso final. Las líneas que queden en este paso deberían ser limpias y claras.

Delinea tu boceto con tinta de color azul oscuro. Añade un efecto de degradado más claro en la parte inferior.

PRACTICA EL ALFABETO

Usa el espacio que hay a continuación para practicar este alfabeto inspirado en Harry Potter. En la primera línea hay siluetas grises de algunas letras que te pueden servir de guía. Empieza por el esqueleto y ve dándole cuerpo a cada letra. Intenta escribir un hechizo o el nombre de una criatura con este estilo de lettering.

A B C D E

HAZ LETTERING CON TU NOMBRE

Usa el alfabeto Travesura Muggle para dibujar tu nombre. Sigue los pasos desde el esqueleto hasta el coloreado. ¿Quieres ir aún más allá? Usa uno de los efectos de la página siguiente, como el sombreado dimensional, la silueta o los contornos temblorosos... ¡El que más te guste!

ESTILIZAR LAS LETRAS

Una vez hayas aprendido a dibujar las letras, podrás estilizarlas de muchas maneras para darles distintos efectos. Una letra con sombreado dimensional tiene un aspecto muy diferente al de la misma letra con contorno tembloroso. Echa un vistazo a los ejemplos que aparecen a continuación. ¿De cuántas maneras puedes estilizar el alfabeto de Travesura Muggle de la página 16? Usa el espacio que tienes aquí debajo para practicar.

SOMBREADO DIMENSIONAL IZQUIERDO CON LINEA INTERIOR

SILUETA CON CONTORNO SOMBREADO

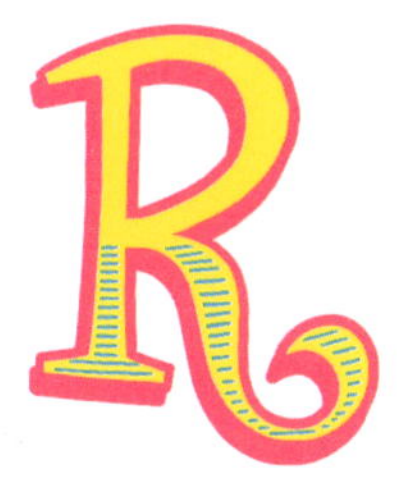

SOMBREADO DELGADO DERECHO CON DETALLES INTERIORES

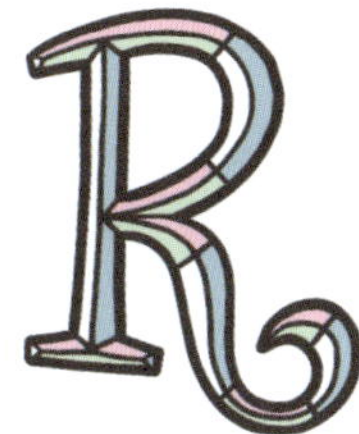

INTERIOR ESCULPIDO

CONTORNO TEMBLOROSO CON BLANCO INTERIOR PINTADO

SOMBREADO DIMENSIONAL DERECHO CON DEGRADADO INTERIOR

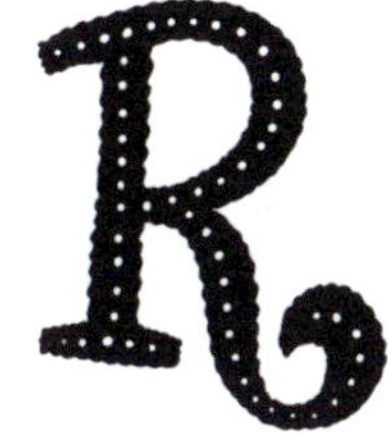

CONTORNO TEMBLOROSO CON LÍNEA INTERIOR DE PUNTOS

SILUETA GRUESA CON DEGRADADO INTERIOR

ALFABETO COLMILLO DE BASILISCO

Este alfabeto serif está inspirado en fuentes que aparecen en las películas. Se caracteriza por su estilo compacto, con remates afilados y detalles interiores. Observa las letras y aprende a dibujarlas desde el esqueleto hasta el coloreado siguiendo la guía que hay debajo.

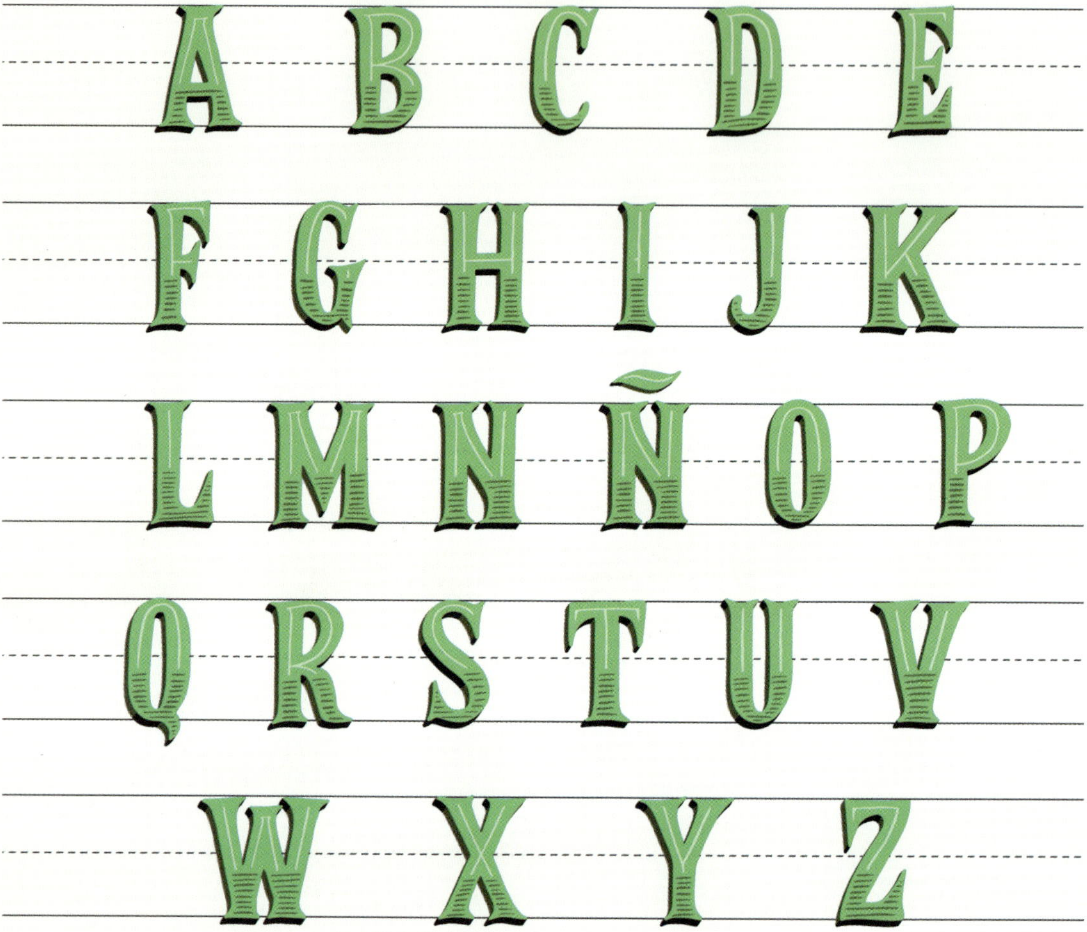

A B C D E

F G H I J K

L M N Ñ O P

Q R S T U V

W X Y Z

CÓMO DIBUJAR ESTAS LETRAS

Empieza por el esqueleto. Recuerda que debe ser lo más simple posible: te servirá de base para los próximos pasos.

Divide visualmente la letra en formas geométricas. Los remates deben ser puntiagudos y curvados.

Limpia la silueta de la letra y añádele el volumen y los detalles interiores. El resultado debe estar formado por líneas limpias.

Delinea tu boceto. Empieza con verde para la *R* y después añade un sombreado más oscuro. Incluye los efectos interiores para pulir el resultado.

PRACTICA EL ALFABETO

Usa el espacio que hay a continuación para practicar el alfabeto Colmillo de Basilisco. En la primera línea hay siluetas grises de algunas letras que te pueden servir de guía. Empieza por el esqueleto y ve dándole cuerpo a cada letra. Intenta escribir un hechizo o el nombre de una criatura con este estilo de lettering.

A B C D E

ALFABETO PRIVET DRIVE

Este alfabeto sans serif está inspirado en fuentes que aparecen en las películas. Se caracteriza por su interior esculpido y su aspecto compacto y alargado. Observa las letras y aprende a dibujarlas desde el esqueleto hasta el coloreado siguiendo la guía que hay debajo.

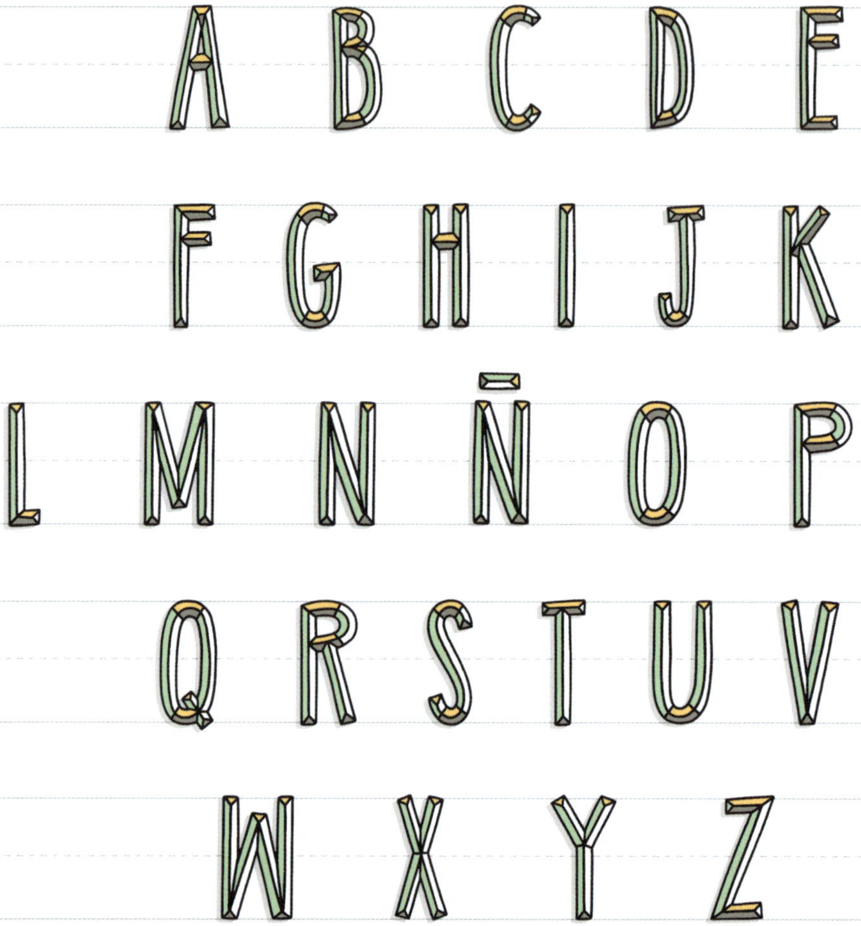

A B C D E

F G H I J K

L M N Ñ O P

Q R S T U V

W X Y Z

CÓMO DIBUJAR ESTAS LETRAS

Empieza por el esqueleto. Debe ser simple, ya que te servirá de base para los próximos pasos.

Divide visualmente la letra en formas geométricas. El resultado debería ser alargado y compacto.

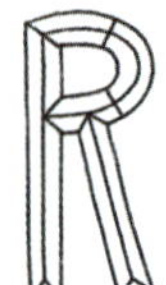

Limpia la silueta de la letra y añádele el efecto esculpido interior. Los extremos de los trazos deberían unirse creando pequeñas formas triangulares.

Delinea tu boceto con tinta negra. Añádele verde, dorado y blanco a la parte esculpida.

PRACTICA EL ALFABETO

Usa el espacio que hay a continuación para practicar el alfabeto Privet Drive. En la primera línea hay siluetas grises de algunas letras que te pueden servir de guía. Empieza por el esqueleto y ve dándole cuerpo a cada letra. Intenta escribir el nombre de algún miembro de la familia Dursley con este estilo de lettering.

A B C D E

HACER DIBUJOS SENCILLOS

Incorporar ilustraciones sencillas a un lettering puede hacer que la composición sea más dinámica. Sigue los pasos para crear algunos de los objetos más icónicos de las películas de Harry Potter. Utiliza el espacio de la página siguiente para practicar estos diseños.

 ESQUELETO	 BOCETO SIMPLE	 BOCETO LIMPIO	 COLOREADO

PRACTICA DIBUJOS SENCILLOS

COMPOSICIÓN DE LETTERING CON ILUSTRACIÓN PASO A PASO

También conocida como «suerte líquida», la poción *Felix Felicis* hace que quien la beba tenga suerte durante un periodo de tiempo determinado. Debe tomarse con moderación, porque también puede provocar imprudencia y exceso de confianza.

Empieza dibujando la forma del frasco de la poción. Divide el recipiente en distintas formas geométricas. Añade dos carteles rectangulares ondulados y el esqueleto de las letras.

2 BOCETO SIMPLE

Ajusta las líneas curvas, dibuja un borde en la parte superior de la botella y traza el líquido del interior. Añádele grosor a las letras usando el boceto previo como base, y también extremos puntiagudos a los carteles.

Repasa las líneas del boceto simple. Añade pequeños detalles circulares en el corcho, las burbujas del líquido y marcas de desgarro en los carteles.

4 COLOREADO

El primer paso para colorear este diseño es delinear tu boceto con tinta oscura. En las películas, la poción *Felix Felicis* es de tonos amarillos y dorados. Utiliza una paleta de colores similar para darle color a tu obra.

PRACTICA LA COMPOSICIÓN DE LETTERING CON ILUSTRACIÓN

COMPOSICIÓN DE LETTERING CON ILUSTRACIÓN PASO A PASO

Sirius Black, tan misterioso como peculiar, fue el único superviviente de la familia de Harry, y le dio amor y apoyo siempre que este lo necesitó.

1 ESQUELETO

Dibuja el contorno de la cabeza de un chico con el pelo desaliñado. Añade unas gafas redondas en el centro y el esqueleto de las letras, empezando en la parte superior. Las letras deben encajar en la cabeza y alrededor de las gafas.

2 BOCETO SIMPLE

Añade grosor a las letras utilizando el esqueleto como base. Fíjate en que cada letra es una combinación de formas. Añade detalles en el pelo y la cinta adhesiva en el puente de las gafas.

3 BOCETO LIMPIO

Pule las letras repasando las líneas del boceto. Limpia las líneas del texto y de los elementos ilustrados. Dale el toque final a las gafas con unos reflejos diagonales.

4 COLOREADO

Para colorear este diseño, delinea tu boceto con tinta. Utiliza una paleta de colores reducida, como por ejemplo dorado, negro y blanco. Si vas a hacer este diseño en digital, intenta añadir textura para darle un estilo *vintage*.

PRACTICA LA COMPOSICIÓN DE LETTERING CON ILUSTRACIÓN

Sirius le dijo a Harry: «Todos tenemos luz y oscuridad en nuestro interior: lo que importa es qué parte decidimos potenciar, eso es lo que realmente somos». Crea una obra de lettering con esta cita en inglés (o en español, si lo prefieres).

Dibuja lo mismo una y otra vez. El proceso se irá haciendo cada vez más fácil y con el tiempo podrás combinar algunos pasos para ser más eficiente.

Sección 4

HOGWARTS

INTRODUCCIÓN A
HOGWARTS

El Colegio Hogwarts de Magia y Hechicería es una de las mejores escuelas del mundo mágico. Está situado en el norte de Escocia y es el hogar de alumnos, profesores y fantasmas. Se divide en cuatro casas. Cada una lleva el apellido de uno de sus cuatro fundadores: Godric Gryffindor, Salazar Slytherin, Rowena Ravenclaw y Helga Hufflepuff. El castillo, tan enorme como complejo, está repleto de habitaciones, pasajes, mazmorras y escaleras móviles, y en él se ocultan siglos de secretos. Harry, Ron y Hermione descubren muchos de estos misterios durante su estancia en Hogwarts.

En esta sección aprenderás a crear tu propio billete del Expreso de Hogwarts, los nombres de los profesores, los escudos y mucho más.

LETTERING DEL NOMBRE DE LOS PROFESORES DE HOGWARTS

Practica los nombres de dos profesores en lettering. Empieza por el esqueleto y ve perfeccionando cada letra. Acaba el lettering delineando y coloreando.

1 Severus Snape
2 Severus Snape
3 Severus Snape
4 Severus Snape

1 Albus Dumbledore
2 Albus Dumbledore
3 Albus Dumbledore
4 Albus Dumbledore

PRACTICA LA COMPOSICIÓN DE LETTERING

ESCUDO DE HOGWARTS PASO A PASO

Un escudo es un símbolo heráldico simplificado que identifica a una familia, un grupo de personas o una institución. Se usa cuando el diseño de un blasón junto a su lema es demasiado intrincado.

1 ESQUELETO

Empieza dibujando la forma básica del escudo en el centro de la página. Añade el borde y una forma en el centro para la letra *H* de Hogwarts.

2 BOCETO SIMPLE

Usando su esqueleto como base, dale cuerpo a la letra *H* y añade remates afilados en cada asta ascendente y en la barra curvada. Después dibuja las esquinas superiores del escudo, dobladas hacia atrás y hacia abajo.

3 BOCETO LIMPIO

Refina la letra central repasando el boceto simple. Añade líneas diagonales al borde exterior, y líneas horizontales desgastadas dentro del escudo. El último paso será más sencillo si solo dejas las líneas definitivas..

4 COLOREADO

Para colorear el escudo, repasa el boceto con tinta. Una gama de dorados queda muy bien en este diseño, complementada por un negro o un gris oscuro para los detalles y la letra *H*. Para darle cuerpo, puedes añadir una sombra suave de color gris claro detrás del escudo.

PRACTICA LA COMPOSICIÓN DE LETTERING

BILLETE DEL EXPRESO DE HOGWARTS PASO A PASO

El billete del Expreso de Hogwarts se entrega a todos los alumnos del Colegio Hogwarts de Magia y Hechicería. Este tren sale de la estación de King's Cross, en Londres, y es invisible para los muggles. Sigue los siguientes pasos para dibujar tu propio billete mágico.

1 ESQUELETO

Empieza dibujando los rectángulos con esquinas redondeadas invertidas. Después, añade el esqueleto de las letras en el interior. Enmarca los detalles más pequeños del billete con círculos.

2 BOCETO SIMPLE

Repasa y pule las líneas del esqueleto. Desarrolla los diferentes estilos de las letras del billete. Divide en distintas formas cada elemento, y dales cuerpo gradualmente. Añade líneas adicionales dentro del borde que contendrá las formas y detalles que incluirás en el siguiente paso.

3 BOCETO LIMPIO

Cuando tengas lista la composición básica del boceto, perfecciona el lettering. Tómate tu tiempo para añadir pequeñas formas y puntos en el borde. Deja el boceto limpio para que sea más fácil de colorear.

4 COLOREADO

Para colorear el billete, delinea las líneas del boceto con tinta. Usa tonos beige, dorados y rojos, como los de un pergamino. Empieza por los tonos más claros y ve añadiendo los oscuros poco a poco. Por ejemplo, colorea primero el fondo del billete y, después, los detalles dorados del borde.

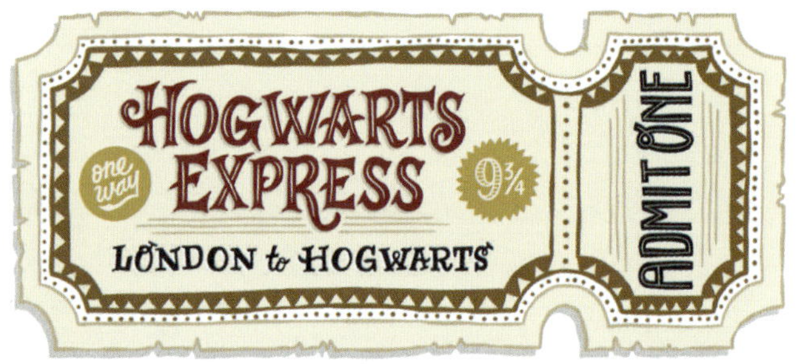

PRACTICA LA COMPOSICIÓN DE LETTERING

Si combinas distintos estampados y formas simples, crearás un borde atrevido y único.

CARTELES DE LAS CLASES DE HOGWARTS PASO A PASO

Hay muchas habilidades interesantes que se pueden aprender en el mundo mágico, y la mayoría se enseñan en Hogwarts. Algunas de las clases son: Transformaciones, Encantamientos, Pociones, Historia de la Magia y Defensa contra las Artes Oscuras. Sigue los pasos que se indican a continuación para crear tu propio póster de alguna de las clases de Hogwarts. Utiliza la página siguiente para practicar estos ejemplos o crear los carteles personalizados de tus clases favoritas (los ejemplos están en inglés, pero también puedes hacerlos en español).

ESQUELETO

BOCETO SIMPLE

BOCETO LIMPIO

COLOREADO

Empieza con un esqueleto como base para tu diseño. A medida que vayas avanzando, añade el contorno y aumenta el grosor de las letras. Añade más detalles al dibujo del caldero y, a continuación, pon algunos puntos y destellos dispersados por el cartel. Usa una combinación de colores vivos, como el rosa y el amarillo, para la versión final del póster.

ESQUELETO

BOCETO SIMPLE

DEFENSE AGAINST THE DARK ARTS

BOCETO LIMPIO

COLOREADO

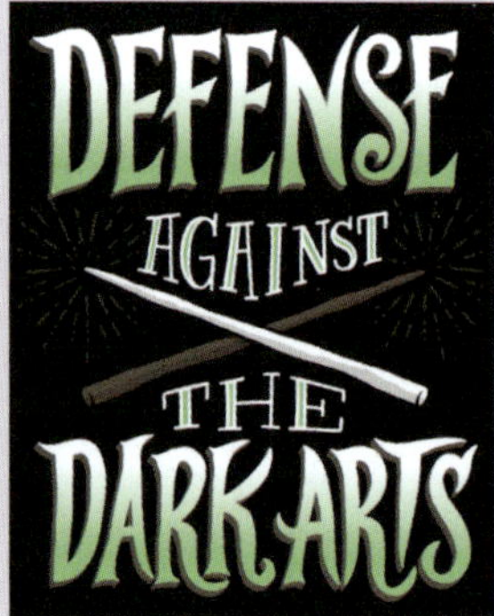

Empieza dibujando dos varitas cruzadas en el centro, y coloca las letras encima y debajo de ellas. El siguiente paso es darles cuerpo a las letras. Utiliza un estilo afilado y siniestro para «*defense*» y «*dark arts*», así reforzarás el carácter oscuro de esta asignatura. Si quieres un efecto llamativo, puedes poner destellos en los extremos de las varitas. A la hora de colorear, decántate por tonos oscuros, como el negro, para el fondo, y verde y blanco para las letras.

No te olvides de dejar espacio entre los elementos de tus proyectos de lettering para poder incluir ornamentos y cenefas decorativas. Estos pequeños toques le dan un dinamismo especial a las composiciones.

PRACTICA LA COMPOSICIÓN DE LETTERING

Sección 5

La CASA GRYFFINDOR

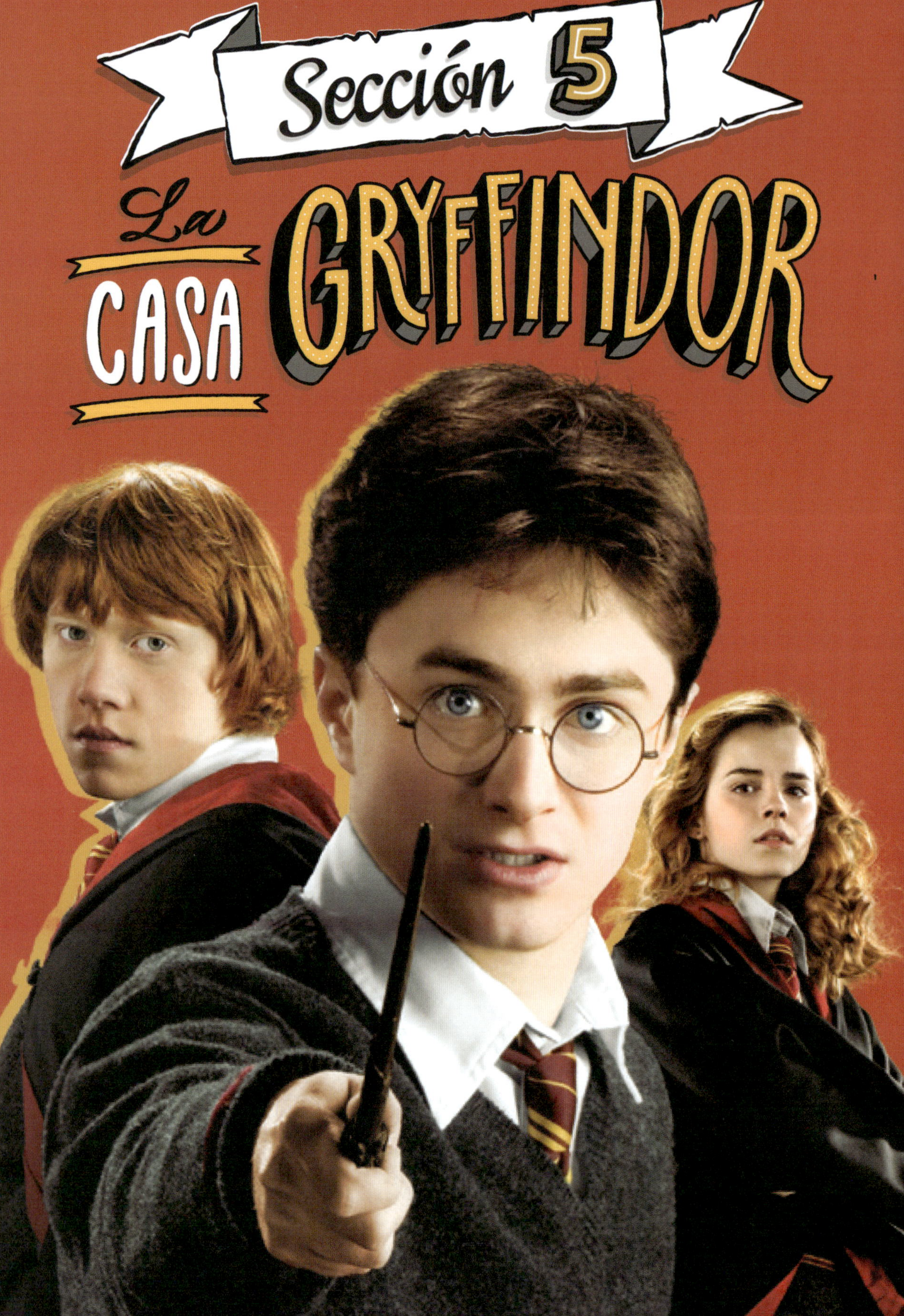

INTRODUCCIÓN A GRYFFINDOR

Godric Gryffindor fundó la casa Gryffindor, que es una de las cuatro casas principales del Colegio Hogwarts de Magia y Hechicería. Gryffindor ha sido el hogar de algunos de los magos más conocidos de la saga de Harry Potter. Entre ellos, Albus Dumbledore, Ron Weasley, Hermione Granger, Minerva McGonagall y, por supuesto, el propio Harry Potter. El Sombrero Seleccionador asigna a esta casa a alumnos que encarnan las cualidades esenciales de Gryffindor: la gentileza, la osadía, la audacia, la valentía y la determinación.

El escudo de Gryffindor tiene los colores de la casa: escarlata y dorado. El animal emblemático de Gryffindor es el león, que representa la valentía y el coraje, los principales rasgos de la casa.

ALFABETO DE GRYFFINDOR

El alfabeto inspirado en la casa Gryffindor tiene un estilo slab serif (también llamada egipcia o de remate en bloque) con un acabado dimensional. Estas letras rojas y doradas transmiten audacia y orgullo, y se inspiran en las principales cualidades de Gryffindor: la valentía y el coraje. Observa las letras y aprende a dibujarlas a continuación, desde el esqueleto hasta el coloreado.

A B C D E

F G H I J K

L M N Ñ O P Q

R S T U V

W X Y Z

CÓMO DIBUJAR ESTAS LETRAS

Empieza por el esqueleto. Debe ser simple, para que te sirva como guía en los próximos pasos.

Divide visualmente la letra en formas geométricas, empezando por los trazos verticales.

Añade líneas gruesas para darle volumen. Oscurece las partes de la letra que miran hacia abajo. Traza una línea interior como toque final.

Repasa las líneas de tu boceto. Empieza por el color más claro, el dorado. Después crea la sombra lateral con un tono rojo oscuro.

PRACTICA EL ALFABETO

Usa el espacio que hay a continuación para practicar el alfabeto de Gryffindor. En la primera línea hay siluetas grises de algunas letras que te pueden servir de guía. Empieza por el esqueleto y después dale cuerpo a cada letra. Intenta escribir tu nombre con este estilo de lettering.

A B C D E

CUALIDADES DE LOS MIEMBROS DE GRYFFINDOR

A continuación, practica dibujando algunas de las cualidades principales de la casa Gryffindor. Están en inglés, pero también puedes escribirlas en español: osadía, gentileza, audacia y valentía. Empieza con el esqueleto del lettering y ve dándole volumen a cada letra. Cuando tengas el lettering definido, añade detalles dentro y/o alrededor de cada letra. Finaliza el diseño delineando y coloreando.

1 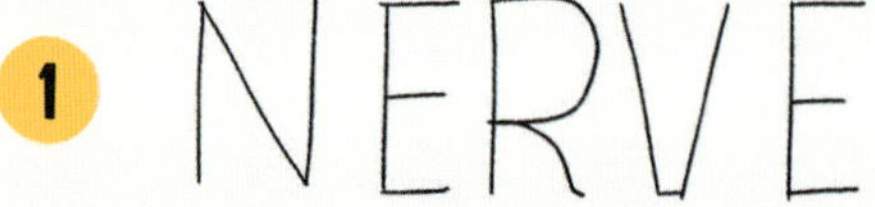

2 

3 

4 

1 

2 

3 

4 

No tengas miedo de cometer errores por el camino. Las líneas desiguales y los fallos pueden darle un toque interesante a los diseños hechos a mano. ¡Acepta las imperfecciones!

1 DARING

2 DARING

3 DARING

4 DARING

1 BRAVERY

2 BRAVERY

3 BRAVERY

4 BRAVERY

DIBUJA EL ESCUDO DE GRYFFINDOR

Los escudos de las casas existen desde hace siglos (¡datan de la Edad Media!). Los escudos están diseñados específicamente para una persona, una familia o un grupo determinado. Sigue los pasos que hay a continuación para dibujar el escudo de la casa Gryffindor, en el que aparece el animal emblemático de la casa, el león.

1 ESQUELETO

Empieza con el esqueleto del escudo, el estandarte y el león, sin incluir ningún detalle por el momento. Céntrate en crear una base sólida sobre la que trabajar.

2 BOCETO SIMPLE

Empieza a esbozar sobre el esqueleto. Dibuja algunos detalles del león, y más líneas en el escudo. Dales cuerpo a las letras de Gryffindor que hay en el estandarte.

3 BOCETO LIMPIO

Una vez que la composición del boceto esté lista, repasa las letras, el escudo y el león. Añade detalles como las líneas interiores de las hojas, la melena del león y la textura del estandarte y el escudo.

4 COLOREADO

Para colorear el escudo, delinea tu boceto, repasando las siluetas con tinta negra. Cuando llegue el momento de colorear, utiliza diferentes tonos de rojo y dorado.

PRACTICA EL ESCUDO DE GRYFFINDOR

Las buenas ideas pueden salir de cualquier lado. Puedes sentirte inspirado por la forma de un escudo y los ornamentos de otro. ¡Combina tantos elementos como quieras para crear un escudo único!

DIBUJA TU PROPIO ESCUDO DE CASA

Puedes usar las siluetas que aparecen a continuación como base o para sacar ideas para el escudo de tu casa. Si lo necesitas, ¡en la página anterior tienes un montón de escudos para inspirarte!

CREA TU PROPIO ALFABETO

Has dibujado el alfabeto de Gryffindor de la página 42, así que ahora es el momento de crear tu propia versión personalizada. Puede ser sans serif o serif, de letras gruesas o finas, altas o bajas, con contornos rectos o redondeados. En la página siguiente encontrarás un montón de estilos de alfabeto geniales que seguro que te inspiran. Utiliza las guías que hay a continuación para diseñar la forma de cada letra y no te olvides de ponerle nombre a tu nuevo alfabeto.

NOMBRE DE TU ALFABETO: ______________________________

A B C D E F

G H I J K L M

N Ñ O P Q R S

T U V W X Y Z

Empieza por las letras *R*, *O*, *S*, *F* y *G*, ya que suelen revelar características que se pueden usar para el resto del alfabeto. Por ejemplo, el anillo de la *R* sienta las bases para dibujar una *B*, y los brazos transversales que forman la *F* pueden inspirar los de la letra *E*.

PETRIFICUS
TOTALUS!

THE BATTLE OF HOGWARTS

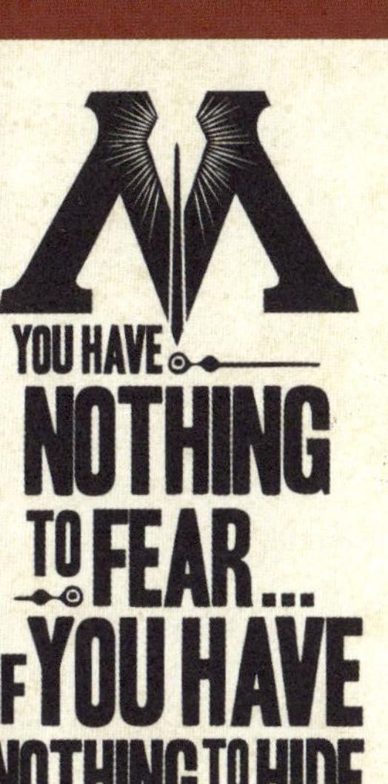

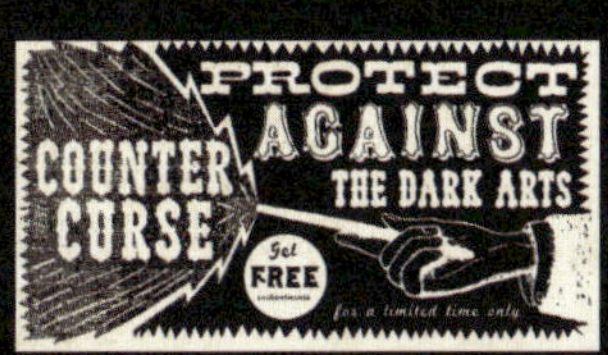

DARK MARK
SPARKS PANIC

Hogwarts

KREACHER HAS BEEN...
WATCHING.
KREACHER ALWAYS WATCHES.

Expulsio!

PERHAPS our friend's
LOYALTIES
lie ELSEWHERE

YOU-KNOW-WHO STRONGER THAN EVER
AS ATROCITIES PERSIST

SNATCHER

LETTERING DE MIEMBROS DE GRYFFINDOR

Vamos a practicar dibujando los nombres de personajes de Gryffindor: colócalos dentro de la burbujas de diálogo del Sombrero Seleccionador que hay en la página siguiente. Intenta que el estilo de cada pieza de lettering transmita la personalidad de su personaje. Empieza con el esqueleto y después dale cuerpo a cada letra. Cuando los nombres estén listos, añade algunos detalles dentro y/o alrededor de las letras. Los últimos pasos son delinear el lettering y colorearlo. Rétate a ti mismo creando obras de lettering también para estos alumnos de Gryffindor: Neville Longbottom, Ginny Weasley y Lavender Brown.

1 

2 

3 

4 Harry Potter

1 Hermione Granger

2 Hermione Granger

3 Hermione Granger

4 Hermione Granger

1 RON WEASLEY

2 RON WEASLEY

3 RON WEASLEY

4 RON WEASLEY

LETTERING DE HARRY POTTER PASO A PASO

A lo largo de las películas, Harry Potter usa muchas veces el Mapa del merodeador, un pergamino mágico que muestra dónde se encuentra todo el mundo dentro del castillo de Hogwarts. Crea una obra de lettering con la cita original de las películas en inglés, que sirve para activar el mapa en blanco si le colocas la punta de la varita encima. También puedes probar la versión en español: «Juro solemnemente que esto es una travesura».

Empieza con el esqueleto. Para crear un diseño compacto, apila las palabras una encima de otra, encajando cada letra en la composición como si fueran piezas de puzle. Destaca las palabras importantes poniéndolas dentro de carteles.

2 BOCETO SIMPLE

Crea el cuerpo de las letras por encima del esquema. Añade remates gruesos a algunas palabras, y deja otras sin remates. Envuelve la composición con pequeños pasos y destellos mágicos.

3 BOCETO LIMPIO

Una vez que la composición esté bastante definida, perfila la silueta de las letras repasando el boceto. Añade líneas interiores a las palabras que hay en los carteles y los detalles de los dibujos.

Para colorear este diseño, empieza delineando el boceto con tinta negra. Usa tonos rojos y dorados para las palabras.

PRACTICA LA COMPOSICIÓN DE LETTERING

LETTERING DE ALBUS DUMBLEDORE PASO A PASO

Tener habilidades no sirve de nada si no tomamos las decisiones correctas. La siguiente cita en inglés es de Albus Dumbledore, que en las películas siempre es la voz de la sabiduría. Sigue los cuatro pasos para recrear esta obra. También puedes dibujarla en español: «No son nuestras habilidades las que muestran cómo somos, sino nuestras elecciones».

1 ESQUELETO

Empieza con un esqueleto. Apila las palabras una encima de otra y usa diferentes estilos de letra (como serif, sans serif y manuscrita) para que la composición sea más atractiva.

2 BOCETO SIMPLE

Dale cuerpo a cada letra basándote en el esqueleto. Añade remates puntiagudos al final de cada trazo. Evita entrar en detalles en esta fase.

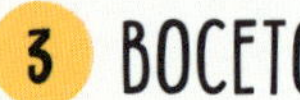

3 BOCETO LIMPIO

Una vez que la composición esté definida, perfecciona las letras trazando sobre el boceto. Si el boceto queda limpio, el último paso será mucho más sencillo.

4 COLOREADO

Para colorear este diseño, empieza delineando el boceto con tinta negra. Usa tonos rojos y dorados para darle color a la composición. Prueba a pintar los blancos internos de las letras para darle un toque especial.

PRACTICA LA COMPOSICIÓN DE LETTERING

LETTERING DE HERMIONE GRANGER PASO A PASO

Hermione Granger siempre ha sido un fuente de fortaleza y conocimiento en situaciones de peligro. En las películas, supera su miedo de decir el nombre de Lord Voldemort al pronunciar la frase que aparece a continuación. Está en inglés, pero también puedes probar a hacer esta composición con la cita en español: «Temer un nombre solo incrementa el temor a lo nombrado».

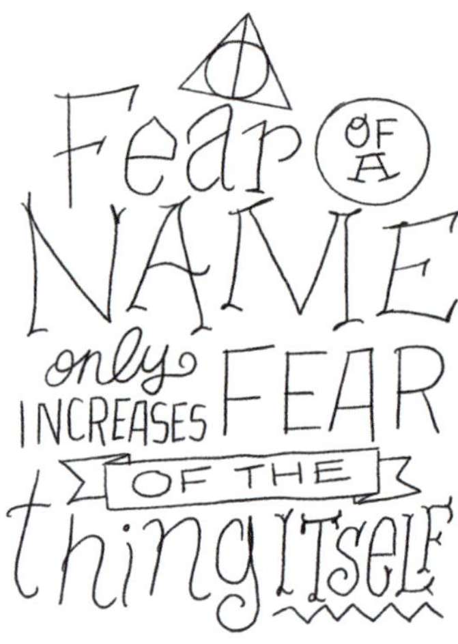

1 ESQUELETO

Empieza dibujando el esqueleto de la composición. Apila las palabras una encima de la otra y dale un toque diferente haciendo que las palabras importantes sean más grandes que el resto. No tengas miedo de hacer algunas palabras más pequeñas para aprovechar el espacio.

2 BOCETO SIMPLE

Crea el cuerpo de las letras usando el esqueleto como base. Este paso es importante para establecer el estilo de cada palabra. Fíjate en que cada letra es una combinación de formas geométricas.

3 BOCETO LIMPIO

Cuando estés satisfecho con la composición, perfila la silueta de las letras repasando las líneas del boceto. Da volumen a las palabras importantes y añade destellos para completar la composición.

4 COLOREADO

Para colorear este diseño, delinéalo todo con tinta negra. Después pasa al coloreado: decántate por los azules para reforzar la seriedad y frialdad del mensaje.

PRACTICA LA COMPOSICIÓN DE LETTERING

Prueba a darle volumen a algunas palabras de la composición. Es una buena manera de enfatizar las palabras más importantes de la cita.

OTRO LETTERING DE ALBUS DUMBLEDORE PASO A PASO

Dumbledore le dice esta frase a Harry cuando se lo encuentra admirando el espejo de Oesed. Sigue los pasos que hay a continuación para dibujar esta cita en inglés, o prueba con la versión española: «No conviene deleitarse con sueños y olvidarse de vivir».

1 ESQUELETO

Empieza con el esqueleto. Resalta las palabras importantes haciéndolas más grandes o encajándolas dentro de formas geométricas o carteles. En este paso, no importa que el estilo de las letras sea poco refinado.

2 BOCETO SIMPLE

Crea el cuerpo de las letras usando el esqueleto como base. Haz que alguna palabra sea serif, alguna sans serif y alguna de estilo caligráfico. Da volumen a las palabras que quieras resaltar. Por último, envuelve la composición con estrellas y una luna.

3 BOCETO LIMPIO

Una vez que la composición esté definida, perfila la silueta de las letras repasando el boceto. Si los trazos son limpios, el último paso será más fácil.

4 COLOREADO

Para colorear este diseño, delinea el boceto con tinta negra. A la hora de colorear, prueba a usar azules y verdes para darle un aspecto onírico a la composición.

PRACTICA LA COMPOSICIÓN DE LETTERING

Sección 6

La CASA HUFFLEPUFF

INTRODUCCIÓN A
HUFFLEPUFF

Helga Hufflepuff fundó la casa Hufflepuff, una de las cuatro casas del Colegio Hogwarts de Magia y Hechicería. Hufflepuff ha sido el hogar de conocidos personajes de la serie de Harry Potter, como Cedric Diggory, Nymphadora Tonks y Pomona Sprout. El Sombrero Seleccionador escoge a los alumnos que encarnan las principales cualidades de Hufflepuff: la dedicación, la lealtad, la paciencia y la humildad.

El escudo de Hufflepuff tiene los colores de la casa, el amarillo canario y el negro. El animal emblemático de Hufflepuff es el tejón, que simboliza la lealtad y la tenacidad de esta casa.

ALFABETO DE HUFFLEPUFF

El alfabeto inspirado en Hufflepuff tiene un estilo slab serif dimensional muy marcado. Las letras amarillas y negras están inspiradas en las cualidades principales de la casa Hufflepuff: tenacidad, lealtad y esfuerzo. Observa las letras y aprende a dibujarlas a continuación, desde el esqueleto hasta el coloreado.

A B C D E

F G H I J K

L M N Ñ O P Q

R S T U V

W X Y Z

CÓMO DIBUJAR ESTAS LETRAS

Empieza por el esqueleto. Recuerda que debe ser simple: será la base para los próximos pasos.

Divide visualmente la letra usando formas geométricas. Empieza por los trazos verticales y, por último, añade los remates y los pinchos.

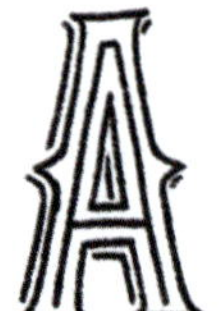

Limpia la silueta de la letra, añade una línea interior y los detalles del borde exterior para darle un toque diferente.

Delinea el boceto con tinta negra. Usa amarillo para la línea interior y los detalles del contorno exterior.

PRACTICA EL ALFABETO

Usa el espacio que hay a continuación para practicar el alfabeto de Hufflepuff. En la primera línea hay siluetas grises de algunas letras que puedes usar como base. Empieza por el esqueleto y después dale cuerpo a cada letra. Intenta escribir tu nombre con este estilo de lettering.

A B C D E

CUALIDADES DE LOS MIEMBROS DE HUFFLEPUFF

¡Es hora de practicar lettering dibujando las cualidades principales de Hufflepuff! Los ejemplos están en inglés, pero también puedes escribir estos rasgos en español: dedicación, lealtad, paciencia y humildad. Empieza por el esqueleto y dales cuerpo a las letras poco a poco. Cuando el diseño esté definido, puedes añadir los detalles dentro y/o alrededor de las letras. Acaba delineando y coloreando.

1 DEDICATION

2 DEDICATION

3 DEDICATION

4 DEDICATION

Para evitar que tu obra de lettering quede demasiado recargada, usa como máximo dos o tres colores en cada composición. También es importante escoger colores complementarios.

1 PATIENCE 2 PATIENCE

3 PATIENCE 4 PATIENCE

1 HUMILITY 2 HUMILITY

3 HUMILITY 4 HUMILITY

DIBUJA EL ESCUDO DE HUFFLEPUFF

Los escudos de las casas existen desde hace siglos (¡datan de la Edad Media!). Los escudos están diseñados específicamente para una persona, una familia o un grupo determinado. Sigue los pasos que hay a continuación para dibujar el escudo de la casa Hufflepuff, en el que aparece el animal emblemático de la casa, el tejón.

1 ESQUELETO

Empieza creando el esqueleto del escudo, el estandarte y el tejón, pero sin muchos detalles. Céntrate en crear una base sólida sobre la que trabajar.

2 BOCETO SIMPLE

Usa el esqueleto como base para el boceto. Añádele algunos detalles al tejón, y más líneas al escudo. Dales cuerpo a las letras de Hufflepuff que hay dentro del estandarte.

3 BOCETO LIMPIO

Una vez que la composición del boceto esté lista, perfila la silueta de las letras, el escudo y el tejón. Añade los detalles: las líneas de las hojas, el pelo del tejón y la textura del estandarte y el escudo.

4 COLOREADO

Para colorear el escudo, delinea tu boceto con tinta negra. Después dale color a tu composición utilizando diferentes tonos de amarillo, gris y negro.

PRACTICA EL ESCUDO DE HUFFLEPUFF

CREA TU PROPIO ALFABETO

Ahora que ya has dibujado el alfabeto de Hufflepuff de la página 64, es el momento de crear tu propia versión personalizada. Puede ser sans serif o serif, de letras gruesas o finas, altas o bajas, con contornos rectos o redondeados. Échale un vistazo a la página siguiente: hay un montón de letterings geniales que seguro que te inspiran. Utiliza las guías que hay a continuación para diseñar la forma de cada letra y no te olvides de ponerle nombre a tu nuevo alfabeto.

NOMBRE DE TU ALFABETO: ______________________________

A B C D E F

G H I J K L M

N Ñ O P Q R S

T U V W X Y Z

Empieza por las letras *R*, *O*, *S*, *F* y *G*, ya que suelen revelar características que se pueden usar para el resto del alfabeto. Por ejemplo, el anillo de la *R* sienta las bases para dibujar una *B*, y los brazos transversales que forman la *F* pueden inspirar los de la letra *E*.

THE BATTLE OF HOGWARTS

THE DARK MARK

PETRIFICUS TOTALUS!

MORSMORDRE

Incendio

DARK MARK SPARKS PANIC

The DARK MARK

DARK MARK SPARKS PANIC

Beauxbatons

HE WHO MUST NOT BE NAMED

LETTERING DE MIEMBROS DE HUFFLEPUFF

Ahora vamos a practicar creando diseños de lettering con los nombres de personajes de Hufflepuff. Colócalos dentro de la burbujas de diálogo del Sombrero Seleccionador que hay en la página siguiente. Intenta que el estilo de tu lettering adopte un poco la personalidad de cada personaje. Empieza con el esqueleto y ve dándole cuerpo a cada letra. Cuando los nombres estén listos, añade algunos detalles dentro y/o alrededor. Acaba el lettering entintando y coloreando.

1

2

3

4

POMONA
SPROUT

1

NYMPHADORA
TONKS

2

3

NYMPHADORA
TONKS

4

1 CEDRIC DIGGORY

2 CEDRIC DIGGORY

3 CEDRIC DIGGORY

4 CEDRIC DIGGORY

LETTERING DE CEDRIC DIGGORY PASO A PASO

Cedric Diggory es uno de los alumnos más populares de Hogwarts durante la época escolar de Harry. Harry compite contra él en el Torneo de los Tres Magos, en el que Cedric le dice a Harry que agarre la Copa de los Tres Magos. Dibuja esta frase en inglés, como en el ejemplo, o en español («¡Vamos, cógela! Me has salvado, ¡cógela!»).

1 ESQUELETO

Empieza con el esqueleto básico. Coloca las palabras alrededor de la copa, encajando las letras en la composición como si fueran piezas de un puzle para crear un diseño equilibrado.

2 BOCETO SIMPLE

Usa el esqueleto como base para dibujar el boceto. Dale un estilo diferente a cada palabra para que la composición sea dinámica. Añade más detalles a la Copa de los Tres Magos.

3 BOCETO LIMPIO

Una vez que la composición esté definida, refina el boceto repasando las siluetas de las letras. Trata de mantener un diseño compacto.

4 COLOREADO

Para colorear este diseño, delinea el boceto con tinta, usando tonos grises y azules. Haz que las letras y la ilustración resalten pintando el fondo de un color oscuro, como el negro.

PRACTICA LA COMPOSICIÓN DE LETTERING

LETTERING DE NYMPHADORA TONKS PASO A PASO

Tonks es una auror, además de miembro de la Orden del Fénix. Es divertida, guerrera y patosa. ¡No la llames Nymphadora! Sigue los pasos para darle vida a esta frase tan icónica de Tonks (también puedes dibujarla en español: «¡No me llames Nymphadora!»).

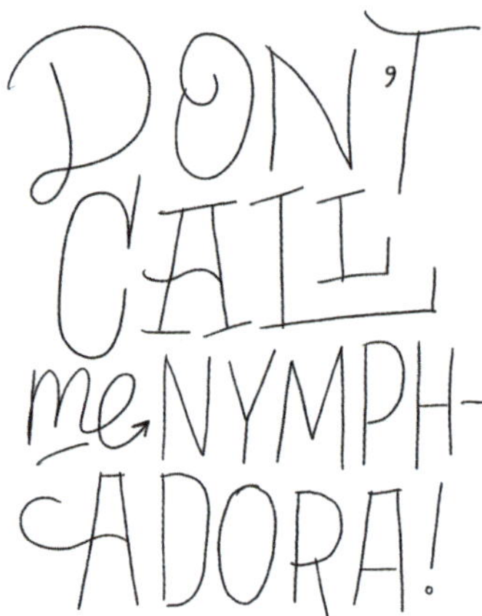

ESQUELETO

Empieza con un esqueleto básico. Apila las palabras una encima de la otra, y dale un toque original combinando palabras de diferentes tamaños. ¡Haz que las más importantes sean las más grandes! También puedes partir la palabra «Nymphadora» con un guion.

BOCETO SIMPLE

Crea el cuerpo de las letras usando el esqueleto como base. Este paso es importante para definir el estilo de lettering de cada palabra. Recuerda que cada letra es una combinación de formas geométricas.

BOCETO LIMPIO

Una vez que la composición esté lista, perfila la silueta de las letras repasando las líneas previas. Añádele volumen a toda la composición. Después, dibuja los detalles interiores de cada palabra.

COLOREADO

Empieza repasando las líneas del boceto con tinta de un tono azul oscuro. A la hora de colorear, usa tonos vivos, como el rojo, el turquesa y el dorado.

PRACTICA LA COMPOSICIÓN DE LETTERING

consejo

Prueba a añadir detalles distintos a cada palabra. Los puntos, las decoraciones y las líneas interiores son grandes recursos para darles un toque interesante a tus composiciones de lettering.

LETTERING DE POMONA SPROUT PASO A PASO

Acuérdate de ponerte las orejeras para trasplantar mandrágoras. Si no lo haces, es posible que sus gritos te dejen inconsciente... ¡E incluso matarte, si la mandrágora es adulta! Dibuja esta frase en inglés o su versión en español («¡Se agarra la mandrágora y se extrae de un tirón!»).

Empieza creando el esqueleto básico del lettering alrededor de la mandrágora. Resalta las palabras importantes haciéndolas más grandes. Dale al diseño un estilo curvilíneo.

2 BOCETO SIMPLE

Crea el cuerpo de las letras usando el esqueleto como base. Dale volumen a la palabra «*mandrake*» y añade más detalles a la ilustración de la planta.

Una vez que la composición esté definida, perfila la silueta de las letras repasando las líneas del boceto. Si dejas el diseño limpio, el siguiente paso será mucho más fácil.

Para colorear este diseño, primero repasa las líneas de tu boceto con tinta negra. A la hora de colorear, usa colores terrosos, como el marrón, el verde o el crema.

PRACTICA LA COMPOSICIÓN DE LETTERING

Sección 7

La CASA Ravenclaw

INTRODUCCIÓN A RAVENCLAW

Rowena Ravenclaw fundó la casa Ravenclaw, una de las casas principales del Colegio Hogwarts de Magia y Hechicería. La casa Ravenclaw ha acogido a personajes muy conocidos de la serie de Harry Potter, como Luna Lovegood, Cho Chang y Padma Patil. El Sombrero Seleccionador escoge a los alumnos que encarnan las principales cualidades de Ravenclaw: la individualidad, la creatividad y el ingenio.

El escudo de Ravenclaw tiene los colores de la casa, el azul y el plateado. El animal emblemático de Ravenclaw es el cuervo, que simboliza la inteligencia, la astucia y la sabiduría.

ALFABETO DE RAVENCLAW

El alfabeto inspirado en Ravenclaw tiene un estilo slab serif dimensional muy marcado. Las letras azules se inspiran en las cualidades de Ravenclaw: creatividad, astucia e inteligencia. Observa las letras y aprende a dibujarlas a continuación, desde el esqueleto hasta el coloreado.

Aa Bb Cc Dd Ee

Ff Gg Hh Ii Jj Kk

Ll Mm Nn Ññ Oo Pp

Qq Rr Ss Tt Uu

Vv Ww Xx Yy Zz

CÓMO DIBUJAR ESTAS LETRAS

Empieza por el esqueleto básico. Debe ser simple, ya que servirá de base para los próximos pasos.

Divide visualmente la letra en formas geométricas, empezando por los trazos verticales.

Limpia las líneas de la letra y añade los detalles interiores de la parte inferior.

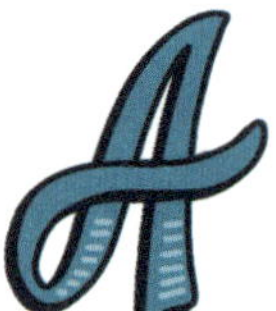

Delinea tu boceto. Empieza siempre por el color más claro, el azul, y después crea el contorno exterior más oscuro.

PRACTICA EL ALFABETO

Usa el espacio que hay a continuación para practicar este alfabeto de Ravenclaw. En la primera línea hay siluetas grises de algunas letras que te pueden servir de base. Empieza por el esqueleto y ve dándole cuerpo a cada letra. Intenta escribir tu nombre con este estilo de lettering.

Aa Bb Cc Dd Ee

CUALIDADES DE LOS MIEMBROS DE RAVENCLAW

A continuación practica dibujando algunas de las cualidades principales de la casa Ravenclaw. Los ejemplos están en inglés, pero también puedes dibujar estos rasgos en español: creatividad, ingenio, sabiduría e individualidad. Empieza con el esqueleto básico del lettering y después pasa a darles volumen a las letras. Cuando tengas el lettering definido, añade detalles dentro y/o alrededor de cada letra. Finaliza el diseño delineando y coloreando.

1 

2 

3 

4 

1 

2 

3 

4 

No tengas miedo de improvisar y usar tus propios estilos y detalles en los espacios para practicar que hay a continuación. ¡Diviértete con cada composición que hagas!

1 

2 

3 

4 

1 INDIVIDUALITY

2 

3 INDIVIDUALITY

4 

DIBUJA EL ESCUDO DE RAVENCLAW

Los escudos de las casas existen desde hace siglos (¡datan de la Edad Media!). Cada escudo está diseñado específicamente para una persona, una familia o un grupo determinado. Sigue los pasos que hay a continuación para dibujar el escudo de la casa Ravenclaw, en el que aparece el animal emblemático de la casa, el cuervo.

Empieza con el esqueleto básico del escudo, el estandarte y el cuervo, pero no entres en detalles todavía. Céntrate en crear una base esquemática sólida sobre la que trabajar.

Empieza a esbozar sobre el esqueleto. Añádele algunos detalles al cuervo, y más líneas al escudo. Dales cuerpo a las letras de Ravenclaw que hay dentro del estandarte.

Cuando estés satisfecho con la composición, repasa la silueta de las letras, el escudo y el cuervo. Añade más detalles, como las líneas de las hojas, el plumaje del cuervo y la textura del estandarte y el escudo.

Delinea tu boceto con tinta negra. Cuando llegue el momento de colorear, usa azules, marrones y grises.

PRACTICA EL ESCUDO DE RAVENCLAW

CREA TU PROPIO ALFABETO

Ya has dibujado el alfabeto de Ravenclaw de la página 82, así que ahora es el momento de crear tu propia versión personalizada. Puede ser sans serif o serif, de letras gruesas o finas, altas o bajas, con contornos rectos o redondeados. En la página siguiente verás un montón de letterings geniales que seguro que te inspiran. Utiliza las guías que hay a continuación para diseñar la forma de cada letra. ¡No te olvides de ponerle nombre a tu nuevo alfabeto!

NOMBRE DE TU ALFABETO: ______________________

A B C D E F

G H I J K L M

N Ñ O P Q R S

T U V W X Y Z

Empieza por las letras *R*, *O*, *S*, *F* y *G*, ya que suelen revelar características que se pueden usar para el resto del alfabeto. Por ejemplo, el anillo de la *R* sienta las bases para dibujar una *B*, y los brazos transversales que forman la *F* pueden inspirar los de la letra *E*.

PERHAPS our friend's LOYALTIES lie ELSEWHERE

PETRIFICUS TOTALUS!

THE BATTLE OF HOGWARTS

Incendio

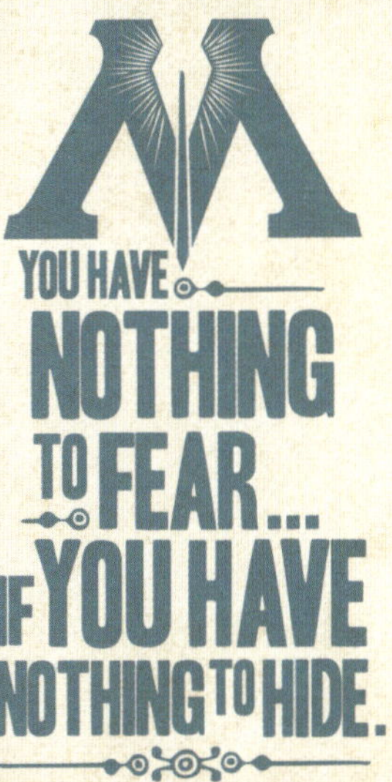

MORSMORDRE

Voldemort™

DARK MARK SPARKS PANIC

Hogwarts™

Beauxbatons

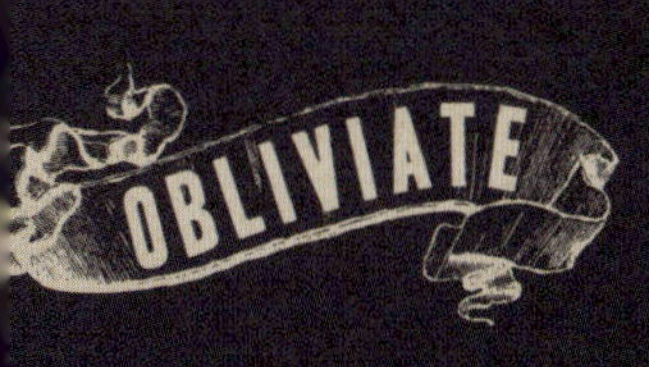

LETTERING DE MIEMBROS DE RAVENCLAW

Es hora de practicar dibujando los nombres de personajes de Ravenclaw: colócalos dentro de las burbujas de diálogo del Sombrero Seleccionador que hay en la página siguiente. Intenta que el estilo de tu lettering transmita la personalidad de cada personaje. Empieza con el esqueleto base y ve dándole cuerpo a cada letra. Cuando los nombres estén listos, añade algunos detalles dentro y/o alrededor de las letras. Por último, delinea y colorea.

1 

2 

3 

4 

1 Cho Chang

2 Cho Chang

3 Cho Chang

4 Cho Chang

1 PADMA PATIL

2 PADMA PATIL

3 PADMA PATIL

4 PADMA PATIL

LETTERING DE LUNA LOVEGOOD PASO A PASO

Muchos alumnos de Hogwarts piensan que Luna Lovegood es una chica un poco rara, lo que ha hecho que se gane el mote de «Lunática Lovegood». Luna representa la verdadera esencia de Ravenclaw y a menudo comparte sus peculiares conocimientos en las películas de Harry Potter. Esta cita en inglés es un ejemplo. También puedes dibujarla en español: «Estás tan cuerdo como yo».

1 ESQUELETO

Empieza con un esqueleto básico. Apila las palabras una encima de la otra, encajando cada letra en la composición, tanto encima como debajo del boceto de las gafas de Luna.

2 BOCETO SIMPLE

Crea el cuerpo de las letras usando el esqueleto como base. Agrega remates gruesos a algunas palabras y deja otras sin. Añade mas detalles a las gafas.

3 BOCETO LIMPIO

Una vez que la composición esté definida, perfila la silueta de las letras repasando las líneas del boceto. Añade detalles dentro y fuera de las letras de las palabras destacadas. También puedes poner estrellitas alrededor de la composición para que quede cohesionada.

4 COLOREADO

Para colorear este diseño, empieza delineando las palabras usando azul, rosa y blanco. Un fondo negro le dará mucho contraste al resultado final.

PRACTICA LA COMPOSICIÓN DE LETTERING

LETTERING DE HELENA RAVENCLAW PASO A PASO

Con esta frase tan enigmática, Helena Ravenclaw, la hija de Rowena Ravenclaw, ayuda a Harry a encontrar la diadema de su madre. Dibuja esta frase en inglés o en español: «Si tienes que preguntar, nunca lo sabrás. Si lo sabes, solo necesitas preguntar».

 ESQUELETO

Empieza con un esqueleto básico. Apila las palabras una encima de la otra, y dale dinamismo a la composición haciendo que las palabras con más peso sean más grandes que el resto. No tengas miedo de dibujar algunas palabras pequeñas para ahorrar espacio.

 BOCETO SIMPLE

Crea el cuerpo de las letras usando el esqueleto como base. Este paso es importante para definir el estilo de lettering de cada palabra. Fíjate en que cada letra es una combinación de formas geométricas.

 BOCETO LIMPIO

Una vez que la composición esté bien definida, perfila la silueta de las letras delineando el boceto. Añade líneas de puntos en el interior de las palabras importantes, *«ask»* y *«know»*.

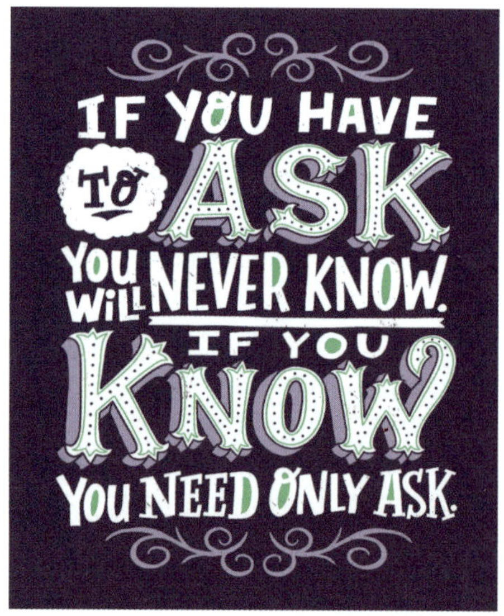

 COLOREADO

Empieza delineando el boceto limpio y, a la hora de colorear, decántate por el blanco, el verde y el lila.

PRACTICA LA COMPOSICIÓN DE LETTERING

Prueba a dar volumen a algunas palabras de la composición. Es una manera eficaz de enfatizar las más importantes.

OTRO LETTERING DE LUNA LOVEGOOD PASO A PASO

A pesar de ser víctima de burlas por parte del resto de alumnos de Hogwarts a causa de su carácter excéntrico, Luna Lovegood siempre consigue mantener una actitud positiva. Dibuja esta frase en inglés. También puedes dibujarla en español: «Las cosas que perdemos siempre acaban volviendo a nosotros».

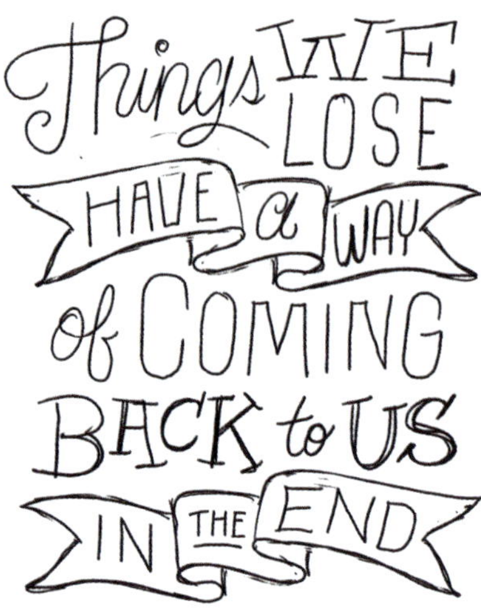

1 ESQUELETO

Empieza con un esqueleto básico. Destaca las palabras importantes haciéndolas más grandes o colocándolas dentro de pancartas o formas geométricas. No pasa nada si el diseño está poco definido en este paso.

2 BOCETO SIMPLE

Crea el cuerpo de las letras usando el esqueleto como base. Haz que algunas palabras sean serif, otras sans serif y otras de estilo caligráfico. Añade volumen a las palabras que quieras destacar.

3 BOCETO LIMPIO

Una vez que la composición esté definida, perfila la silueta de las letras repasando el boceto. Es el momento de añadir los últimos detalles, como las líneas de puntos del interior de las letras o la textura de las pancartas.

4 COLOREADO

Para colorear este diseño, primero delinea el boceto con tinta negra. A la hora de colorear, combina el magenta con el verde menta para darle un toque alegre a la composición.

PRACTICA LA COMPOSICIÓN DE LETTERING

Sección 8

La Casa Slytherin

INTRODUCCIÓN A SLYTHERIN

Salazar Slytherin fundó la casa Slytherin, una de las casas del Colegio Hogwarts de Magia y Hechicería. Al igual que Gryffindor, Slytherin ha sido el hogar de algunos de los personajes más famosos de la serie de Harry Potter, como Draco Malfoy, Severus Snape, Bellatrix Lestrange y Lord Voldemort. El Sombrero Seleccionador escoge a los alumnos que encarnan las características esenciales de Slytherin: la astucia, el orgullo, la determinación y el liderazgo.

El escudo de Slytherin tiene los colores de la casa, el verde y el plateado. El animal emblemático de Slytherin es la serpiente, que representa la perspicacia y la ambición.

ALFABETO DE SLYTHERIN

El alfabeto inspirado en la casa Slytherin tiene remates afilados y toques góticos. Sus colores, verde esmeralda y plateado, transmiten las cualidades principales de la casa Slytherin: la astucia y la determinación. Observa las letras y aprende a dibujarlas, desde el esqueleto hasta el coloreado.

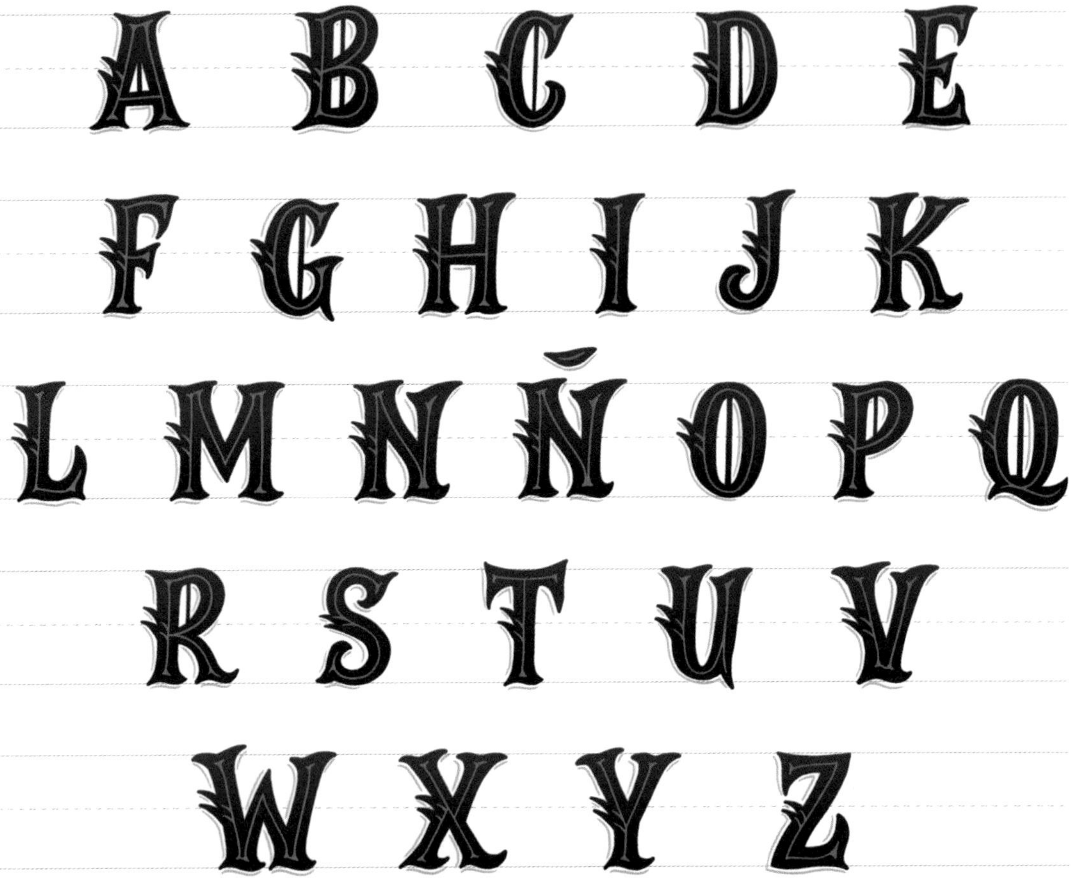

A B C D E

F G H I J K

L M N Ñ O P Q

R S T U V

W X Y Z

CÓMO DIBUJAR ESTAS LETRAS

Empieza por el esqueleto. Recuerda que debe ser muy simple; será la base para los próximos pasos.

Divide visualmente la letra en formas geométricas. Los remates tienen que ser elegantes y puntiagudos. Añádele dos púas góticas al asta ascendente.

Limpia la silueta de la letra, añade la línea interior con púas, así como una sombra exterior. El resultado final debería ser un boceto limpio.

Traza tu boceto con tinta. Empieza con la forma básica de la *R* en verde oscuro. Después crea la línea interior con verde claro y la exterior con gris.

PRACTICA EL ALFABETO

Usa el espacio que hay a continuación para practicar este alfabeto de Slytherin. En la primera línea hay siluetas grises de algunas letras que te pueden servir de base. Empieza por el esqueleto y ve dándole cuerpo a cada letra. Intenta escribir tu nombre con este estilo de lettering.

A B C D E

CUALIDADES DE LOS MIEMBROS DE SLYTHERIN

Ha llegado el momento de dibujar algunas de las cualidades principales de la casa Slytherin. Los ejemplos están en inglés, aunque también puedes hacerlo en español (liderazgo, orgullo, ingenio y ambición). Empieza con el esqueleto del lettering y después dale volumen a cada letra. Cuando tengas el lettering definido, añade detalles dentro y/o alrededor de cada letra. Los últimos pasos son delinear el boceto y colorearlo.

1 LEADERSHIP

2 LEADERSHIP

3 LEADERSHIP

4 LEADERSHIP

1 PRIDE

2 

4 PRIDE

¿Tienes tus propias ideas para los detalles del lettering? Los siguientes ejemplos son solo para inspirarte. Puedes darles una vuelta añadiendo líneas de puntos, sombras dimensionales y contornos a las letras.

1 Cunning

2 Cunning

3 Cunning

4 Cunning

1 Ambition

2 Ambition

3 Ambition

4 Ambition

DIBUJA EL ESCUDO DE SLYTHERIN

Los escudos de las casas existen desde hace cientos de años (¡datan de la Edad Media!). Cada escudo está diseñado específicamente para una persona, una familia o un grupo determinado. Sigue los pasos que hay a continuación para dibujar el escudo de la casa Slytherin, en el que aparece el animal emblemático de la casa, la serpiente.

1 ESQUELETO

Empieza dibujando el esqueleto del escudo, el estandarte y la serpiente, pero no entres en detalles todavía. Céntrate en crear una base sólida sobre la que trabajar.

2 BOCETO SIMPLE

Empieza a esbozar sobre el esquema. Añádele algunos detalles a la serpiente, así como más líneas al escudo. Dales más cuerpo a las letras serpenteantes de Slytherin que hay en el estandarte.

3 BOCETO LIMPIO

Una vez que la composición del boceto esté lista, refina la silueta de las letras, el escudo y la serpiente. Añade los últimos detalles, como las líneas en las hojas, las escamas de la serpiente y la textura del estandarte y el escudo.

4 COLOREADO

El primer paso es delinear tu boceto con tinta negra. Cuando llegue el momento de colorear, utiliza diferentes tonos de verde, grises claros y oscuros. Si quieres darle un toque aún más siniestro, puedes pintar de rojo el ojo de la serpiente.

PRACTICA EL ESCUDO DE SLYTHERIN

CREA TU PROPIO ALFABETO

Ya has dibujado el alfabeto de Slytherin de la página 100, así que ahora es el momento de crear tu propia versión personalizada. Puede ser sans serif o serif, de letras gruesas o finas, altas o bajas, con contornos rectos o redondeados. Mira la página siguiente: hay un montón de letterings geniales que seguro que te inspiran. Utiliza las guías que hay a continuación para diseñar la forma de cada letra. ¡No te olvides de ponerle nombre a tu nuevo alfabeto!

NOMBRE DE TU ALFABETO: ____________________

A B C D E F

G H I J K L M

N Ñ O P Q R S

T U V W X Y Z

Empieza por las letras *R*, *O*, *S*, *F* y *G*, ya que suelen revelar características que se pueden usar para el resto del alfabeto. Por ejemplo, el anillo de la *R* sienta las bases para dibujar una *B*, y los brazos transversales de la *F* pueden inspirar los de la letra *E*.

PETRIFICUS
TOTALUS!

THE
BATTLE
OF
HOGWARTS

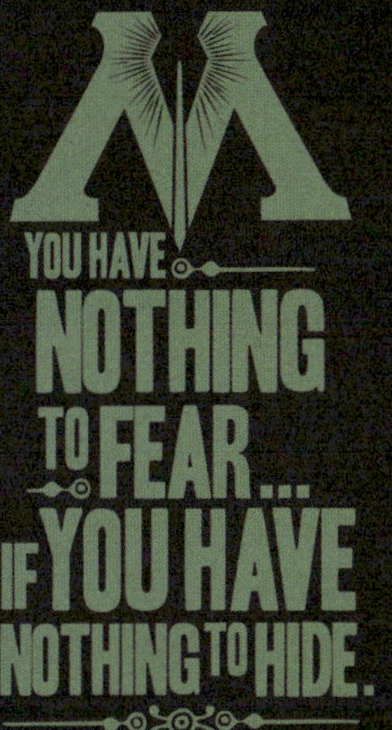

AVADA
KEDAVRA

DARK LORD...
MORE SIGHTINGS

I WON'T BE SO
Forgiving
NEXT TIME...

MAGICAL
CREATURES

HE WHO MUST
NOT BE NAMED

THE
DARK
MARK

DARK MARK
SPARKS PANIC

Voldemort™

SNATCHER

Blood-Traitor

Incendio

LETTERING DE MIEMBROS DE SLYTHERIN

Es hora de crear obras de lettering con los nombres de personajes de Slytherin. Colócalos dentro de la burbujas de diálogo del Sombrero Seleccionador que hay en la página siguiente. Trata de que el estilo de tu lettering transmita la personalidad de cada personaje. Empieza con el esqueleto y después dale cuerpo a cada letra. Cuando los nombres estén listos, añade algunos detalles dentro y/o alrededor de las letras. Los últimos pasos son delinear y colorear. Prueba a dibujar los nombres de algunos de los alumnos de Slytherin que hay a continuación o los de otros slytherins famosos, como Lord Voldemort o Bellatrix Lestrange.

1 DRACO MALFOY

2 DRACO MALFOY

3 DRACO MALFOY

4 DRACO MALFOY

1 PANSY PARKINSON

2 PANSY PARKINSON

3 PANSY PARKINSON

4 PANSY PARKINSON

1 BLAISE ZABINI

2 BLAISE ZABINI

3 BLAISE ZABINI

4 BLAISE ZABINI

LETTERING DE DRACO MALFOY PASO A PASO

En las películas, Harry Potter siempre ha detestado a su némesis, Draco Malfoy. Draco consigue enfurecer a Harry con comentarios como el que hay a continuación: «Algunas familias de magos son mejores que otras, Potter». Crea una composición de lettering con esta cita en inglés (o en español, si lo prefieres). Tómate tu tiempo para planificar y desarrollar cada paso.

1 ESQUELETO

Empieza con el esqueleto básico. Apila las palabras una encima de la otra y dibuja la mano con la varita en la parte superior. Enfatiza las palabras importantes haciéndolas más grandes. Esboza ligeramente el flujo de magia que hay detrás del lettering.

2 BOCETO SIMPLE

Crea el cuerpo de las letras usando el esqueleto como base. Usa diferentes estilos de lettering, como letras con remates, cursivas o letras góticas. Añade puntitos y destellos brotando del extremo de la varita.

3 BOCETO LIMPIO

Una vez que la composición esté definida, perfila la silueta de las letras repasando el boceto. Incluye líneas y puntos en el interior de las palabras más grandes para que destaquen aún más. Añade los últimos detalles de la mano, la varita y los destellos mágicos.

4 COLOREADO

Para colorear este diseño, primero delinea el boceto con tinta. A la hora de colorear, usa verdes claros, azules y cremas para las palabras. Colorea los destellos mágicos con tonos pálidos para evitar que el diseño quede recargado.

PRACTICA LA COMPOSICIÓN DE LETTERING

LETTERING DE SEVERUS SNAPE PASO A PASO

El profesor Snape es una fuente constante de honestidad brutal para los alumnos de Hogwarts. Aunque puede parecer frío, suele ser muy perspicaz, como cuando pronuncia esta frase: «Puede que se te haya escapado, pero la vida no es justa». Sigue los pasos para dibujar esta cita en inglés de Severus Snape.

1 ESQUELETO

Empieza con un esqueleto básico. Encaja las palabras unas encima de otras, y utiliza estilos de lettering diferentes, como el serif, el sans serif o el caligráfico, para darle dinamismo al diseño. Usa flechas y pancartas para aportarle un toque original.

2 BOCETO SIMPLE

Crea el cuerpo de las letras usando el esqueleto como base y añádeles remates angulosos. Evita entrar en mucho detalle en este paso.

3 BOCETO LIMPIO

Una vez que la composición esté bien definida, perfila la silueta de las letras repasando las líneas del boceto. Incluye un sombreado dimensional y detalles interiores a las palabras más destacadas: «*escaped*», «*life*» y «*fair*». Si consigues que las líneas queden limpias, el siguiente paso será mucho más sencillo.

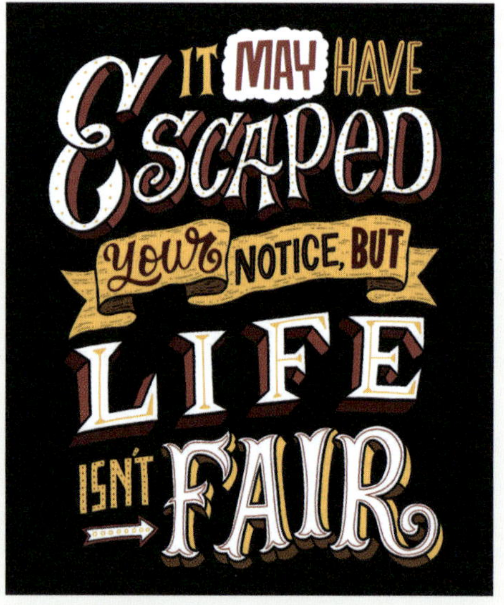

4 COLOREADO

Delinea el boceto limpio usando un tono muy oscuro, como el negro. Para dar color a las letras, trabaja con blancos, rojos y dorados. Un fondo oscuro hará que la composición resalte más.

PRACTICA LA COMPOSICIÓN DE LETTERING

No pasa nada si tu resultado final no es idéntico al de la página anterior. Cada persona tiene su propio estilo. ¡Eso es lo que hace que el lettering sea tan único y personal!

LETTERING DE VOLDEMORT PASO A PASO

Malvado y espeluznante, el infame Lord Voldemort comanda a los mortífagos y quiere imponer su régimen de terror en el mundo mágico. «No existen ni el bien ni el mal. Solo existe el poder, y personas demasiado débiles para ejercerlo». Dibuja esta cita en inglés, como en el ejemplo, o en español.

1 ESQUELETO

Empieza con un esquema básico. Apila las palabras, encajándolas unas encima de otras. Dale un toque dinámico haciendo que las palabras importantes sean de un tamaño mayor. Incluye pequeñas ilustraciones, como una varita, una serpiente y el símbolo de las Reliquias de la Muerte para hacer que el diseño sea más atractivo.

2 BOCETO SIMPLE

Crea el cuerpo de las letras usando el esqueleto como base. Este paso es importante para determinar el estilo de lettering de cada palabra. Recuerda que cada letra es una combinación de formas geométricas..

3 BOCETO LIMPIO

Una vez que la composición esté definida, perfila la silueta de las letras repasando las líneas del boceto. Añade volumen a las palabras *«good»*, *«evil»* y *«weak»*. Rodea la composición con pequeñas estrellas para cohesionar el diseño.

4 COLOREADO

Para colorear este diseño, empieza delineando el boceto con tinta negra. A la hora de colorear, combina el verde y el dorado. No pintes de un mismo color palabras demasiado cercanas o tu diseño quedará poco equilibrado.

PRACTICA LA COMPOSICIÓN DE LETTERING

OTRO LETTERING DE SEVERUS SNAPE PASO A PASO

A veces, Hermione es demasiado inteligente para Severus Snape y la única forma que tiene de vengarse de Gryffindor es quitándole puntos a su casa por hablar sin pedir turno. En una ocasión, Snape le dice: «¿Se siente orgullosa de ser una insoportable sabelotodo?». Practica dibujando esta cita en inglés (o, si lo prefieres, en español).

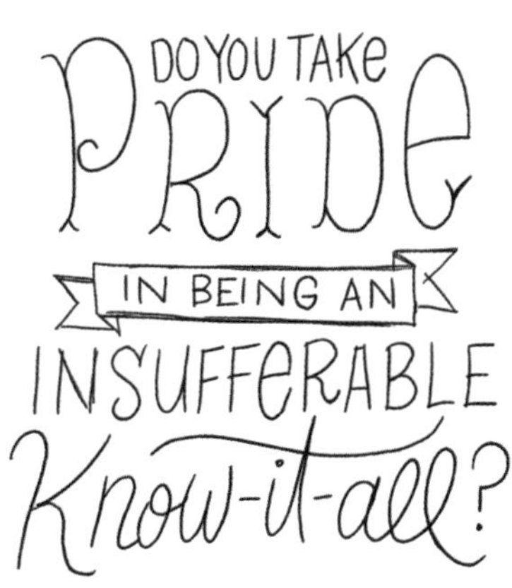

Empieza dibujando el esqueleto básico. Destaca las palabras importantes haciéndolas más grandes o colocándolas dentro de pancartas o formas geométricas. No pasa nada si en este punto tus trazos son poco claros y no están limpios.

2 BOCETO SIMPLE

Crea el cuerpo de las letras usando el esqueleto como base. Haz que algunas palabras sean serif, otras sans serif y otras de estilo caligráfico. Añade algunas florituras arriba, abajo y a ambos lados de la composición para que quede más cohesionada.

3 BOCETO LIMPIO

Una vez que la composición esté bastante definida, perfila la silueta de las letras trazando sobre el boceto. Añádeles volumen a las palabras «*pride*» y «*know-it-all*». Si en el boceto solo quedan las líneas definitivas, el próximo paso será más sencillo.

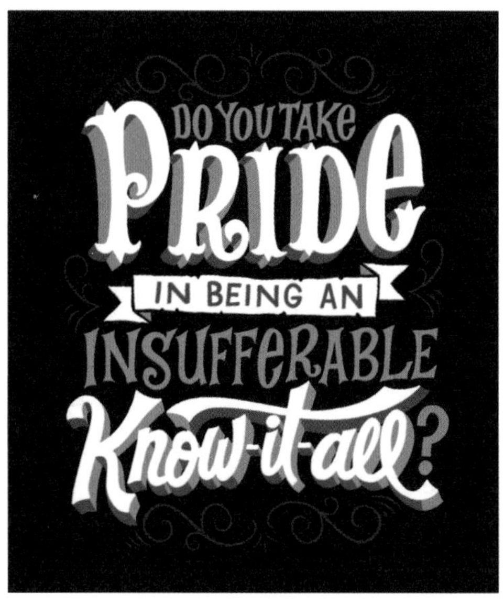

Para colorear este diseño, primero usa el color negro para repasar las líneas del boceto limpio. A la hora de colorear, combina blancos, verdes y grises para darle un toque slytherin a la composición.

PRACTICA LA COMPOSICIÓN DE LETTERING

Sección 9

HECHIZOS Y POCIONES

INTRODUCCIÓN A
LOS HECHIZOS Y LAS POCIONES

¿Necesitas abrir una puerta, desarmar a un enemigo, arreglar algo que está roto o iluminar una habitación? En el mundo mágico, existen hechizos y pociones para satisfacer cualquier necesidad, desde las tareas más cotidianas hasta las invocaciones más extraordinarias. La principal diferencia entre los hechizos y las pociones es que solo los magos y las brujas bien entrenados pueden lanzar hechizos, mientras que las pociones las puede preparar cualquiera, incluso las personas no-mágicas. Para perfeccionar sus habilidades mágicas, los niños acuden a Hogwarts o a otra de las escuelas mágicas que hay en el mundo.

En esta sección aprenderemos cómo hacer lettering con pociones y hechizos famosos, y también a dibujar la varita de Harry, así como otras varitas icónicas que salen en las películas.

DIBUJA POCIONES Y HECHIZOS FAMOSOS

A continuación aprenderás a dibujar lettering con algunos hechizos y pociones. Empieza con el esqueleto del lettering y después dale volumen a cada letra. Cuando el lettering esté definido, añade detalles dentro y/o alrededor de las letras. Finaliza el diseño delineando y coloreando.

Materiales: punta finas negros 0.05 y 0.3; rotuladores acuareables azul marino y rosa; punta fina azul celeste 0.4.

CONSEJO

A medida que vayas mejorando con el lettering, tu proceso de dibujo será cada vez más eficiente. ¡Cada artista trabaja a su manera, así que adapta tu metodología a tu progreso!

1 

2 

3 

4 

1 STUPEFY

2 STUPEFY

3 STUPEFY

4 STUPEFY

DIBUJA LAS VARITAS DE HARRY POTTER Y LORD VOLDEMORT

Sigue los pasos para crear las emblemáticas varitas de Harry Potter y Lord Voldemort. Utiliza la página siguiente para practicar ambos diseños. Sigue el mismo procedimiento que con el lettering: esqueleto, boceto simple, boceto limpio y coloreado.

VARITA DE HARRY POTTER

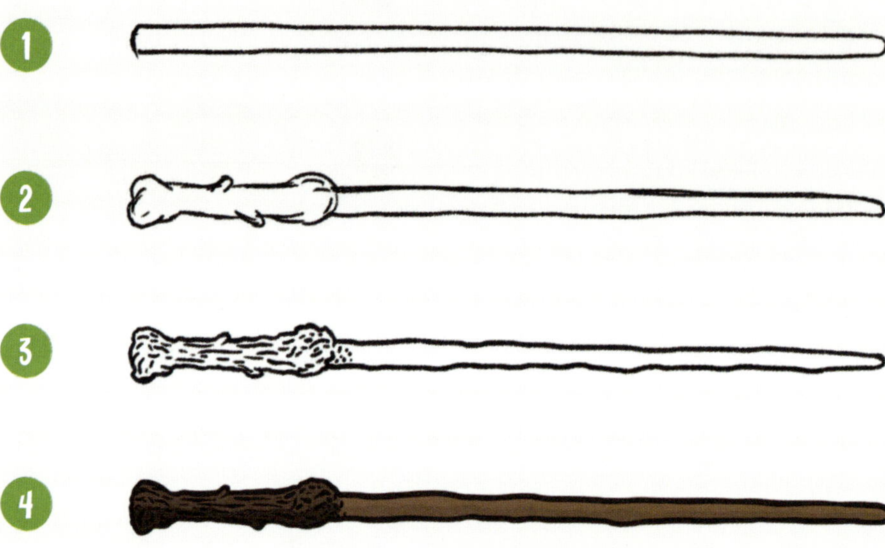

VARITA DE LORD VOLDEMORT

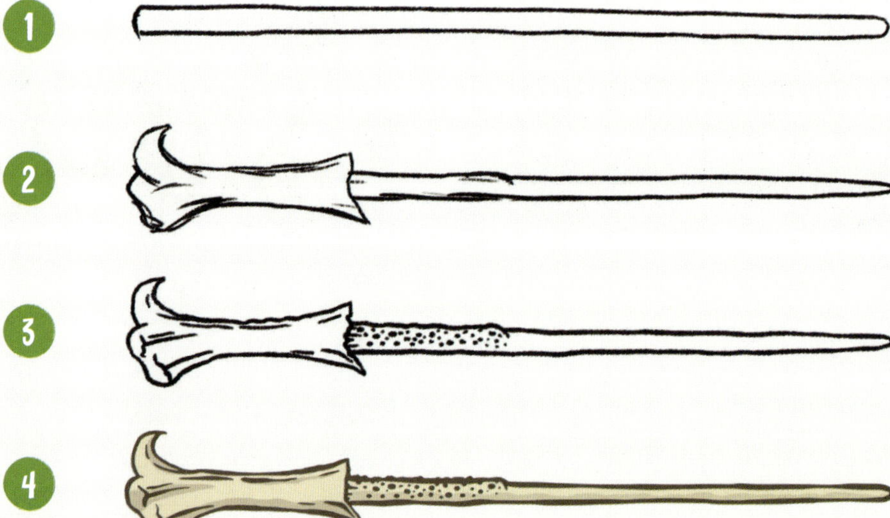

PRACTICA EL DIBUJO DE VARITAS

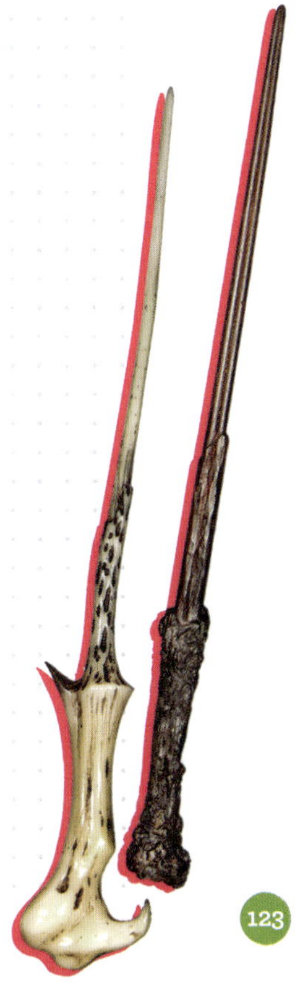

LETTERING DE HECHIZOS PASO A PASO

En las películas, Harry Potter usa muchísimos hechizos diferentes. Uno de ellos es *Alohomora*, un hechizo muy útil que sirve para abrir ventanas, puertas y cofres. Crea una composición de lettering con este hechizo. Tómate tu tiempo para planificar y desarrollar los pasos, desde el esqueleto hasta el coloreado, como se muestra a continuación.

1 ESQUELETO

Empieza con un esqueleto básico del nombre del hechizo: *Alohomora*. Añade remates abiertos y puntiagudos y aprovecha la cola de la *R* para unir la palabra con ilustración de la llave.

2 BOCETO SIMPLE

Crea el cuerpo de las letras usando el esqueleto como base. Divide cada letra en una serie de formas geométricas. Refina los remates de los extremos superiores e inferiores de las letras. Dibuja algunos detalles de la llave y púas en las astas de la *H* y la *A*.

3 BOCETO LIMPIO

Una vez que la composición esté bastante definida, perfila la silueta de las letras y el dibujo de la llave. Añádele un contorno exterior delgado a la palabra. Si en este paso solo dejas las líneas definitivas, el próximo paso será más sencillo.

4 COLOREADO

Para darle color a este diseño, primero delinea las líneas del boceto limpio. Usa naranjas y rojos para las letras, y azules para la llave y el contorno sombreado del lettering. Para un acabado pulido, dale un efecto degradado a las letras, empezando con el rojo en la parte superior y acabando con el naranja en la inferior.

PRACTICA LA COMPOSICIÓN DE LETTERING

LETTERING DE POCIONES PASO A PASO

Dibujar frascos de pociones es una forma fácil y divertida de combinar ilustración y lettering. Cada recipiente es una pequeña obra en sí misma. ¿Te intimida dibujar cuatro pociones? No sufras. Empieza por una y ve añadiendo el resto cuando te sientas cómodo.

1 ESQUELETO

Cada frasco es básicamente una combinación de formas geométricas, como se ve en el ejemplo. Dibuja las pociones y luego las etiquetas. Haz que cada etiqueta tenga una forma diferente para darle dinamismo al diseño. Por último, añade las palabras dentro de las etiquetas.

2 BOCETO SIMPLE

Crea un boceto usando el esqueleto como base. Planifica el estilo de las letras de cada etiqueta. Divide cada carácter en una serie de formas geométricas y después dales cuerpo uno a uno. Añade algunos detalles, como las líneas de la hoja de *Gillyweed* (en español, «branquialgas», las grietas de la calavera de la *Skele-Gro* («crecehuesos»), el diseño del tapón de *Felix Felicis*, y los detalles de los otros corchos.

3 BOCETO LIMPIO

Una vez que la composición esté definida, perfila los frascos y las letras repasando las líneas del boceto. Añade pequeñas líneas y puntos en el interior de los frascos para imitar los reflejos de la luz. Si en el boceto solo quedan las líneas definitivas, el próximo paso será más sencillo.

4 COLOREADO

Delinea las líneas del boceto limpio. Utiliza cuatro gamas de colores diferentes, una para cada poción. Empieza por los colores más claros y, poco a poco, ve añadiendo los más oscuros. Por ejemplo, pinta el contorno del corcho con un marrón claro y después añade los detalles circulares con un marrón oscuro.

PRACTICA LA COMPOSICIÓN DE LETTERING

LETTERING DE HECHIZOS PASO A PASO

La invocación de un Patronus es una magia muy poderosa. Cuando Harry lanzó este hechizo para salvar a Sirius de los dementores invocó un ciervo de luz.

Empieza dibujando la base de un ciervo. Dibuja formas separadas para la cabeza, el cuerpo y las patas. Añade el esqueleto del lettering dentro del ciervo.

2 BOCETO SIMPLE

Crea el cuerpo de las letras usando el esqueleto como base. Este paso es importante para concretar el estilo de las palabras del hechizo. Fíjate en que cada letra es una combinación de formas. Añade más detalles al ciervo, como el pelo y las astas.

Una vez que la composición esté bastante definida, perfila la silueta del lettering trazando sobre el boceto. Añade detalles interiores en la parte inferior de las letras. Como se trata de la ilustración de un hechizo, añade pequeñas líneas onduladas alrededor y en el interior del ciervo para darle un aire mágico.

Empieza delineando el boceto limpio. En las películas, los Patronus son siempre una combinación de azules y blancos, así que utiliza tonos similares para tu diseño. Un fondo azul noche proporcionará un bonito contraste con el ciervo y las letras.

PRACTICA LA COMPOSICIÓN DE LETTERING

DIBUJA TU PROPIO PATRONUS

Ahora que has dibujado el Patronus de Harry Potter en la página 128, ¿qué tal si creas el tuyo? Si tuvieras un Patronus, ¿cómo sería? ¿Hay algún animal que con el que te sientas identificado? A mí me gusta tumbarme y relajarme en mi tiempo libre, así que un perezoso es la opción perfecta para mí. Fíjate en cómo he dibujado mi Patronus y diseña el tuyo en la página siguiente.

ESQUELETO

Empieza con un esqueleto básico del animal que hayas elegido. Dibuja formas separadas para la cabeza, el cuerpo y las patas. Después añade el esqueleto del lettering encima y debajo del animal.

BOCETO SIMPLE

Crea el cuerpo de las letras usando el esqueleto como base. Este paso es importante para concretar el estilo de cada palabra. Recuerda que cada letra es una combinación de formas. Añade más detalles a la ilustración del Patronus.

BOCETO LIMPIO

Una vez que la composición esté definida, perfila la silueta de las letras repasando el boceto limpio. Añade pequeñas líneas onduladas alrededor de tu Patronus para que tenga una apariencia mágica.

COLOREADO

Empieza delineando el boceto limpio. En las películas, los Patronus son de tonos blanquecinos y azulados, así que te recomiendo usar esos colores. Un fondo oscuro le dará contraste a tu diseño.

PRACTICA LA COMPOSICIÓN DE LETTERING

CRUCIATUS

Incendio

STUPEFY

PETRIFICUS TOTALUS!

EXPECTO PATRONUM!

Incendio

MORSMORDRE

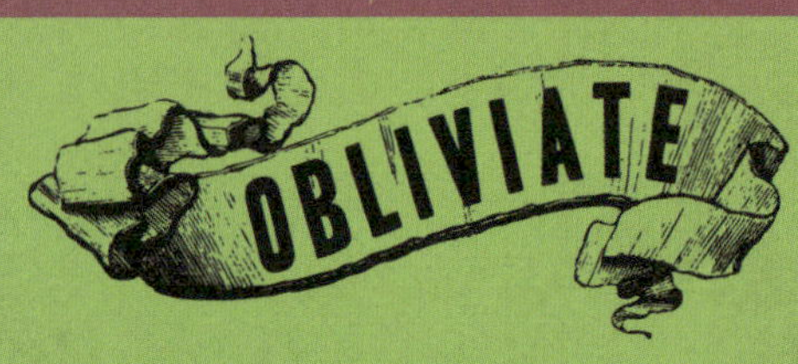

CREA TU PROPIO HECHIZO O POCIÓN

Ya has dibujado composiciones de lettering con hechizos y pociones de la página 124 a la 131, y ha llegado el momento de que crees tu propio hechizo o poción. ¿Cómo se va a llamar? ¿Qué estilo de lettering le pega más? ¿Necesitas un poco de inspiración? En la página anterior hay un montón de ejemplos que seguro que te ayudan. Utiliza el espacio que tienes a continuación para poner en práctica los pasos que has aprendido para crear diseños de lettering, desde el esqueleto hasta el coloreado.

VARITAS DE LAS PELÍCULAS

Harry Potter

Hermione Granger

Ron Weasley

Ginny Weasley

Luna Lovegood

Albus Dumbledore

Minerva McGonagall

Severus Snape

Lord Voldemort

PRACTICA EL DIBUJO DE VARITAS DE LAS PELÍCULAS

En las películas de Harry Potter las varitas lo son todo. Pueden usarse para iluminar una habitación o vencer a un enemigo. Las brujas y los magos no son nada sin sus varitas. Prueba a dibujar las varitas de tus personajes favoritos en esta página. Utiliza las siluetas grises que hay a continuación como punto de partida. ¿No recuerdas cómo es la varita de tu personaje favorito? ¡No hay problema! Échale un vistazo a la página anterior. Si necesitas un poco más de ayuda, puedes consultar el proceso de dibujo de varitas en las páginas 122 y 123.

Presta atención a los detalles característicos de cada varita. Algunas son sobrias y redondeadas, mientras que otras están muy ornamentadas. No te olvides de resaltar estas características cuando crees tus propios diseños.

Sección 10

CRIATURAS MÁGICAS

INTRODUCCIÓN A
LAS CRIATURAS MÁGICAS

A lo largo de las películas, Harry Potter y sus amigos se encuentran con montones de criaturas mágicas. Algunas pueden parecer bastante ordinarias pero, a menudo, poseen habilidades y propiedades mágicas increíbles. Por ejemplo, Hedwig, la lechuza de Harry, puede entregar cualquier carta y encontrar al destinatario esté donde esté. Algunas de estas criaturas son imponentes y fuertes, mientras que otras son dulces y simpáticas. Sean como sean, los animales fantásticos son uno de los aspectos más fascinantes del mundo mágico.

En esta sección aprenderemos a hacer lettering y a dibujar criaturas mágicas muy conocidas, como los thestrals, los elfos domésticos y los dementores.

LETTERING DE NOMBRES DE CRIATURAS

A continuación aprenderemos a dibujar el nombre de algunas criaturas muy famosas. Empieza con el esqueleto de las palabras y después dales volumen. Cuando tengas el lettering definido, añade detalles dentro y/o alrededor de cada letra. Finaliza el diseño delineando y coloreando.

1 THESTRAL

2 THESTRAL

3 THESTRAL

4 THESTRAL

1 HIPOGRIFO

2 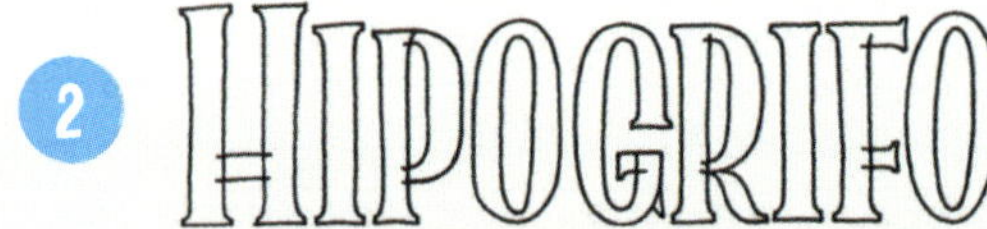

3 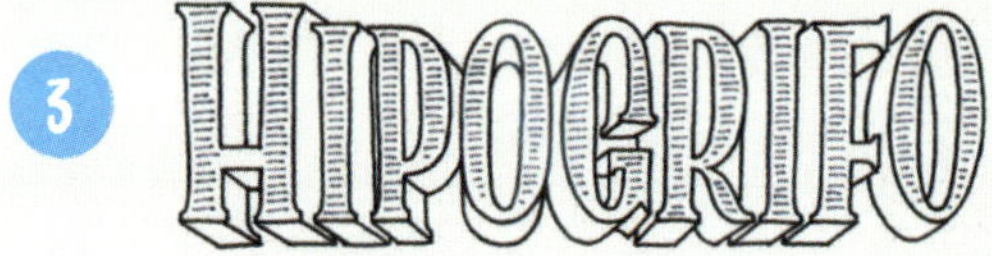

4 

Materiales: punta finas negros 0.05 y 0.3; punta fina gris 0.4; punta fina naranja 0.4; plumilla y tinta caligráfica blanca.

Si vas a usar un estilo de lettering robusto, asegúrate de tener en cuenta el grosor final de las letras cuando hagas el esqueleto del diseño.

Materiales: punta finas negros 0.05 y 0.3; lápiz de color gris.

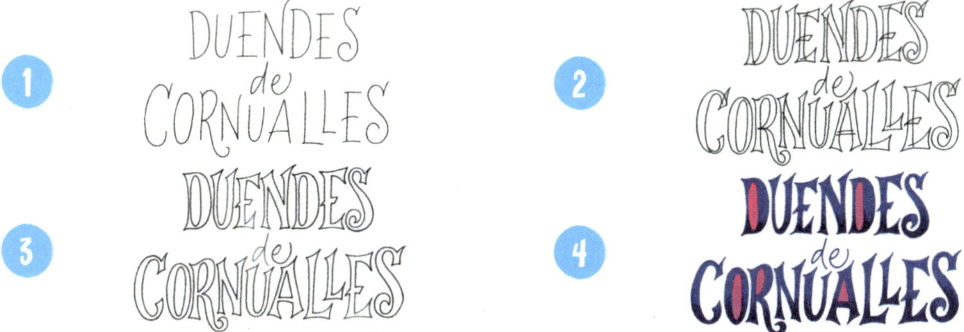

Materiales: punta finas negros 0.05 y 0.3; rotuladores acuareables azul, azul marino, rosa y gris; punta fina azul oscuro.

ILUSTRACIÓN DE UN THESTRAL PASO A PASO

A pesar de que su aspecto es un poco siniestro, los thestrals son criaturas gentiles y dóciles. Solo son visibles para aquellas personas que han sido tocadas por la muerte.

1 ESQUELETO

Empieza trazando la forma básica de la cabeza y el torso. Añade líneas curvas para el cuello, la columna y la cola, y dibuja la base de las alas y las patas. No entres en mucho detalle en este paso.

2 BOCETO SIMPLE

Usa el esqueleto como base para dibujar el cuerpo del thestral. Después añade las patas, las alas y los cuernos. Por último, esboza algunos detalles, como las costillas, los ojos y la boca.

3 BOCETO LIMPIO

Refina tu thestral repasando las líneas del boceto simple. Empieza por la cabeza y ve bajando. Fíjate en el estilo tembloroso de los contornos y trata de replicarlo en tu dibujo. Para darle unos toques finales, puedes hacer algunas rasgaduras y agujeros en las alas, y púas en los cascos.

4 COLOREADO

Para colorear este diseño, primero repasa las líneas del boceto limpio con tinta negra. En las películas, los thestrals son de color gris oscuro, así que usa una gama de grises para reproducir el estilo original de esta criatura.

PRACTICA LA ILUSTRACIÓN DE CRIATURAS

El esqueleto es uno de los pasos más importantes del proceso. Un esqueleto bien planificado te dará una base sólida para desarrollar tu diseño.

COMPOSICIÓN DE HEDWIG PASO A PASO

Hedwig, el fiel búho nival de Harry, fue un regalo de Hagrid por su onceavo cumpleaños. La compró en el callejón Diagon mientras Harry se preparaba para su primer curso en Hogwarts.

Empieza dibujando la forma básica con óvalos: uno para la cabeza, uno para el cuerpo y uno para el ala. Debajo añade el esqueleto del lettering. Une ambas partes del diseño con una garra curvada encima de la *W*.

Dale cuerpo a cada letra usando el esqueleto como base. Añade un sobre rectangular en el pico de Hedwig y dibuja más detalles, como el pico, los ojos y el plumaje.

Perfecciona el lettering repasando el boceto simple. Añádele volumen y sombreado inferior para que tenga más profundidad. Acaba de detallar a Hedwig dibujando más plumas. Ponle dos puntitos blancos en los ojos y dibuja una *H* de Hogwarts en el centro del sobre.

Para colorear este diseño, primero delinea con tinta negra las líneas del boceto limpio. Usa blancos, rojos y dorados para colorear. No te olvides de las pupilas doradas de Hedwig. Un azul claro para el fondo es una buena opción para este diseño.

PRACTICA LA COMPOSICIÓN DE LETTERING

COMPOSICIÓN DEL *RIDGEBACK* NORUEGO PASO A PASO

Norbert es el *ridgeback* noruego al que Hagrid cuidó desde antes de salir del huevo. Cuando descubrieron que, en realidad, era una dragona, pasó a llamarse Norberta. Aquí puedes practicar un diseño con su nombre en inglés, aunque también puedes usar la versión española.

1 ESQUELETO

Empieza dibujando las formas básicas de la cabeza y el torso. Añade una línea curva para su largo cuello, la columna y la cola, y traza algunas líneas para las alas y las patas. Cuando tengas el esqueleto del dragón, añade un cartel y el lettering alrededor de Norberto.

2 BOCETO SIMPLE

Usa el esqueleto como base para esbozar el cuerpo del dragón. Después añade las patas, las alas y, por último, detalles como los ojos y la boca. Aprovecha para darle también más cuerpo a cada letra. Dibuja detalles puntiagudos en las astas de la *N* y la *R*.

3 BOCETO LIMPIO

Empieza por la cabeza y ve bajando, perfilando cada parte del dragón. Dibuja algunos agujeritos y desgarros en sus alas, así como púas por su columna vertebral. Perfecciona el lettering y añade rayos de luz detrás de Norberto para cohesionar todo el diseño.

4 COLOREADO

Para colorear este diseño, primero delinea las líneas del boceto limpio. Usa una gama de marrones para el dragón, y un tono más claro para la barriga. Por último, pinta de amarillo los blancos internos de las letras.

PRACTICA LA COMPOSICIÓN DE LETTERING

COMPOSICIÓN DE DOBBY PASO A PASO

Después de que Harry lo liberara de la familia Malfoy con el astuto truco del calcetín, Dobby pudo proclamar a todo pulmón que era un elfo libre. Puedes hacer esta composición con la cita en inglés o en español («¡Dobby es un elfo libre!»).

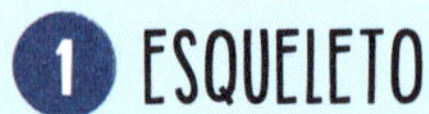

1 ESQUELETO

Empieza dibujando la forma básica de la cabeza, las orejas, la nariz, los ojos y la boca. Cuando tengas el esqueleto de Dobby puedes añadir el lettering encima y debajo del elfo.

2 BOCETO SIMPLE

Usando el esqueleto como base, añade más detalles al dibujo, como las arrugas de la piel y las pupilas en los ojos. Dale cuerpo a cada letra dibujando remates angulares en cada trazo.

3 BOCETO LIMPIO

Perfecciona el lettering repasando el boceto simple. Traza líneas interiores en «Dobby» y «*free*» para dar volumen al lettering. Acaba de detallar a Dobby dibujando más arrugas y un puntito blanco en cada ojo.

4 COLOREADO

Para colorear este diseño, primero repasa las líneas del boceto limpio. En las películas, la piel de Dobby es de un color similar al de los humanos, así que decántate por los marrones y tostados. Usa verde para los ojos. Colorea el lettering con la misma paleta de colores para darle cohesión al diseño.

PRACTICA LA COMPOSICIÓN DE LETTERING

Cuando quieras darle relieve al lettering, como hemos visto en la página anterior, piensa en los distintos ángulos en los que la luz incidiría sobre las letras. Todas las secciones que dan hacia la izquierda son de un color distinto a las secciones derechas y a las que miran para arriba y para abajo.

COMPOSICIÓN DE KREACHER PASO A PASO

Kreacher vive atado a Grimmauld Place, donde sirvió a la familia Black durante generaciones. Al principio odia a Harry, pero poco a poco aprende a respetarlo e incluso reúne a los elfos domésticos para la batalla final contra Voldemort en Hogwarts. Puedes dibujar esta composición con el texto en inglés o en español («Kreacher, el elfo doméstico»).

ESQUELETO

Empieza dibujando la forma básica de la cabeza, las orejas, la nariz, los ojos y la expresión gruñona de su boca. Cuando tengas la base de Kreacher puedes añadir el alargado esqueleto del lettering encima y debajo de él.

BOCETO SIMPLE

Usando el esqueleto como base, añade detalles al dibujo, como las arrugas de la piel y sus ojos serios. Dale cuerpo a cada letra dibujando remates y florituras al final de cada trazo.

BOCETO LIMPIO

Perfecciona el lettering repasando el boceto simple. Acaba de detallar la ilustración del elfo dibujando más arrugas y manchas en su piel. En el boceto final debería verse la mueca de desagrado, ya que Kreacher suele aparecer así en las películas.

COLOREADO

Para colorear este diseño, primero delinea el boceto limpio. Usa rosas pálidos para la piel, y un verde claro para los ojos. En cuanto al lettering, trata de colorearlo con un degradado de verde oscuro a más claro. Un fondo negro le dará un buen contraste a tu diseño.

PRACTICA LA COMPOSICIÓN DE LETTERING

COMPOSICIÓN DE DEMENTOR PASO A PASO

Oscuros, viscosos, fríos y terroríficos. Los dementores son unas de las criaturas más temidas del mundo mágico. Si te acercas más de la cuenta pueden absorber todos tus recuerdos felices y emociones positivas. Como dice Dumbledore: «No está en la naturaleza de un dementor ser compasivo». Dibuja este lettering en inglés o en español.

1 ESQUELETO

Empieza con la forma básica del dementor: la cabeza en forma de óvalo, los hombros, los brazos y una túnica raída. Traza las formas básicas del lettering dentro de la silueta. Combina palabras pequeñas y grandes para dar énfasis y dinamismo al diseño.

2 BOCETO SIMPLE

Dale cuerpo a cada letra usando el esqueleto como base. Este paso es importante para establecer el estilo del lettering, que en este caso debe ser rígido y espeluznante. Dibuja la cabeza encapuchada, unos dedos alargados y los bajos rasgados de la túnica.

3 BOCETO LIMPIO

Refina las letras trazando nuevas líneas sobre las del boceto simple. Cada carácter debe tener remates angulosos y puntiagudos. Acaba el boceto dibujando los últimos detalles de la túnica del dementor, como las arrugas de la tela.

4 COLOREADO

Para colorear este diseño, primero delinea el boceto limpio con tinta negra. En las películas, los dementores visten túnicas negras o grises, así que usa tonos similares para tu diseño, y un azul frío para las manos de la criatura.

PRACTICA LA COMPOSICIÓN DE LETTERING

Sección 11

QUIDDITCH

INTRODUCCIÓN AL QUIDDITCH

El quidditch es el deporte más popular del mundo mágico y aparece bastantes veces en las películas. Los jugadores vuelan por el campo montados en escobas y el objetivo es anotar más puntos que el equipo contrario lanzando una pelota a través de un aro. El partido termina cuando alguno de los equipos atrapa la snitch dorada, una pequeña pelota con alas. Durante sus años en Hogwarts, Harry Potter cosechó muchos éxitos como jugador y consiguió atrapar la snitch en muchas ocasiones. Marcar goles, derribar a los adversarios con las bludgers y la carrera para atrapar la snitch dorada antes que el otro equipo son algunas de las razones que hacen que los partidos de quidditch sean escenas muy emocionantes en las películas.

En esta sección aprenderás a crear letterings y dibujos relacionados con el quidditch, como la snitch dorada, las escobas o las insignias de los equipos de Hogwarts.

LETTERING CON TERMINOLOGÍA DEL QUIDDITCH

Dibuja los términos relacionados con el quidditch que hay a continuación. Empieza con el esqueleto de las palabras y ve añadiendo grosor a cada letra. Después refina el lettering y añade pequeños detalles dentro y/o alrededor de las letras. Por último, delinea y colorea.

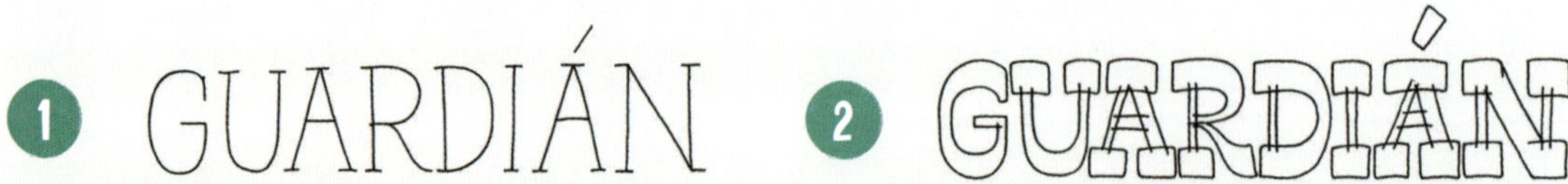

Materiales: punta finas negros 0.05 y 0.3; lápices de colores verdes y azules.

Materiales: punta finas negros 0.05 y 0.3; punta fina gris 0.4; punta fina naranja 0.4.

CONSEJO Experimenta un poco añadiendo detalles sutiles que realcen el significado de cada palabra. Por ejemplo, un buscador debe ser rápido, por eso esa palabra tiene una apariencia inclinada que transmite movimiento.

1 

2 

3 

1 CAZADOR

2 CAZADOR

3 CAZADOR

4 CAZADOR

Materiales: punta finas negros 0.05 y 0.3; punta finas gris y lila 0.4; lápiz de color lila; rotulador acuareable azul celeste.

DIBUJA ELEMENTOS SENCILLOS DE QUIDDITCH

Añadir una ilustración sencilla a un lettering puede hacer que la composición sea más dinámica. Sigue los pasos que hay debajo para aprender a dibujar algunos elementos del quidditch de las películas de Harry Potter. Usa el espacio que hay en la página siguiente para practicar.

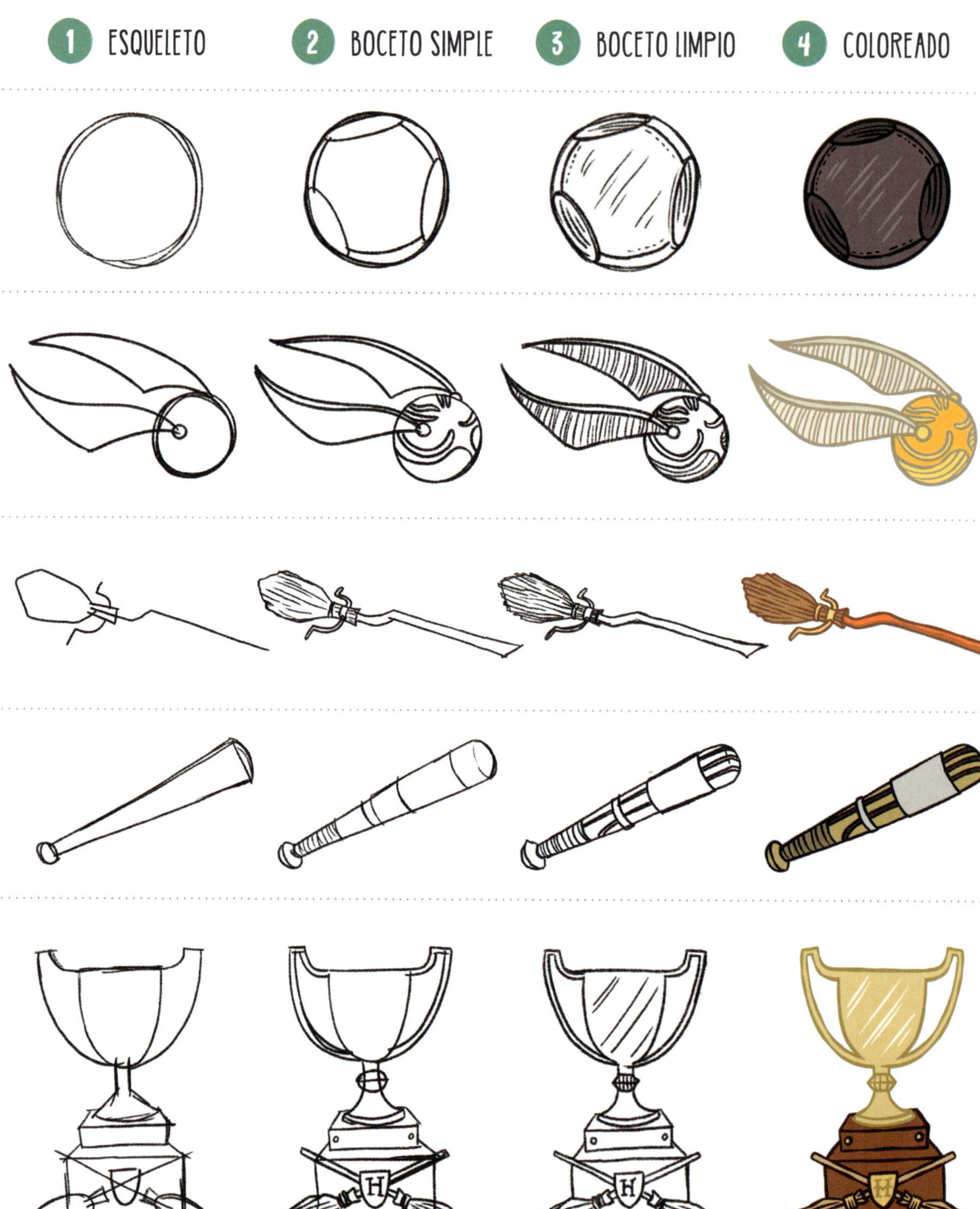

PRACTICA EL DIBUJO DE ELEMENTOS SENCILLOS DE QUIDDITCH

COMPOSICIÓN DE LA SNITCH DORADA PASO A PASO

En un partido de quidditch, cuando un buscador captura la snitch dorada, su equipo recibe automáticamente 150 puntos y gana el partido. Dibuja esta cita en inglés o su versión en español («Atrapa la snitch»).

1 ESQUELETO

Empieza trazando un círculo en el centro de la página. Añade unas alas curvadas y el esqueleto del lettering encima y debajo de la snitch, haciendo que encaje alrededor del dibujo de la pelota.

2 BOCETO SIMPLE

Usando el esqueleto como base, dale grosor y forma a cada letra. Usa un estilo de lettering distinto para cada palabra. Añade detalles decorativos con trazos suaves al dibujo de la snitch.

3 BOCETO LIMPIO

Perfila el lettering y el dibujo de la snitch. Añade líneas verticales a las alas y los detalles decorativos de la pelota. Limpia el lettering y añade detalles dentro de las palabras más grandes.

4 COLOREADO

Para colorear este diseño, empieza delineando el boceto limpio con tinta. Usa tonos beige y dorados para la snitch y azul oscuro para el lettering; así crearás contraste. Por último, pinta de dorado los detalles interiores de las letras. Un azul claro es perfecto para crear un fondo que recuerde al cielo.

PRACTICA LA COMPOSICIÓN DE LETTERING

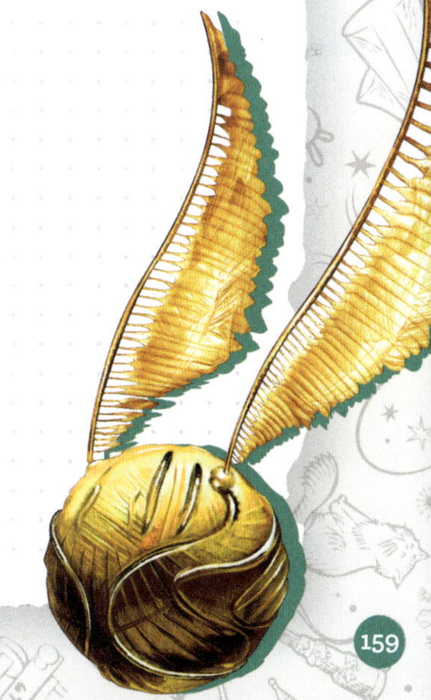

COMPOSICIÓN CON UNA NIMBUS PASO A PASO

La profesora McGonagall, la jefa de la casa Gryffindor, le regaló a Harry una Nimbus 2000 durante su primer año en Hogwarts. En aquel momento, la elegante y lustrosa Nimbus 2000 era la escoba más rápida del mercado y estaba a años luz de sus competidores.

1 ESQUELETO

Empieza dibujando la silueta básica de la escoba en el centro de la página. Añade el esqueleto del lettering curvado encima y debajo de ella.

2 BOCETO SIMPLE

Usando el esqueleto como base, dale cuerpo a cada letra, y añade remates puntiagudos a los extremos de los trazos, así como adornos en algunos de ellos (como puedes ver en la *N* y la *S* del ejemplo). Dibuja los reposapiés y las cerdas de la escoba.

3 BOCETO LIMPIO

Perfila las letras repasando las líneas del boceto. Añade un contorno dimensional a cada letra. No te olvides de dibujar las vetas de madera en el palo de la escoba. Si solo dejas las líneas definitivas, el siguiente paso será más fácil.

4 COLOREADO

Para colorear este diseño, empieza delineando el boceto con tinta. Los tonos naranjas y marrones son ideales para la escoba, y combinan muy bien con el lettering en turquesa oscuro. Un fondo de un color marrón muy claro le dará a la composición un buen contraste.

PRACTICA LA COMPOSICIÓN DE LETTERING

Cuando quieras incluir una ilustración en el centro de una composición, es mejor empezar por el dibujo y después añadir los elementos de lettering.

COMPOSICIÓN CON UNA INSIGNIA DE QUIDDITCH PASO A PASO

Cada equipo de quidditch lleva una insignia o escudo en su uniforme. Los diseños tienen los colores de la casa y su mascota emblemática. Sigue los pasos que hay a continuación para crear la insignia del equipo de quidditch de Gryffindor.

Empieza trazando con líneas suaves la forma de un escudo en el centro de la página. Después, dibuja dentro la cabeza de un león y dos escobas cruzadas. Traza dos líneas curvas encima y debajo de la ilustración, como se ve en el ejemplo: serán la guía para el esqueleto del lettering.

Usando el esqueleto como base, esboza algunos detalles, como las arrugas, la melena, los dientes y los ojos del león. Añade un fondo con rombos y un marco al escudo.

Perfila las letras repasando las líneas del boceto simple. Después sigue mejorando la cabeza del león añadiéndole más detalles a la melena y a la cara, como las arrugas y los dientes. El resultado debería ser un león feroz.

Cuando te sientas listo para darle color, delinea el boceto con tinta negra. Usa rojos y dorados, los colores de Gryffindor, para el escudo, y tonos marrones y beige para la cabeza del león. Colorea el lettering con un tono oscuro, como el negro, para que la insignia se pueda leer desde lejos.

PRACTICA LA COMPOSICIÓN DE LETTERING

PÁGINAS PARA PRACTICAR

consejo

Practica dibujando la misma palabra y letras en diferentes estilos. Es una gran forma de salir de tu zona de confort y convertirte en un artista del lettering más completo.

PÁGINAS PARA PRACTICAR

Pansy Parkinson

Poción Multijugos

Muggles

Hipogrifo

Draco Malfoy

Las imperfecciones pueden aportar personalidad y originalidad a tus obras de lettering. Las líneas torcidas y las letras mal alineadas le pueden dar un toque único y orgánico a tus diseños.

POCIÓN MULTIJUGOS PÁGINAS PARA PRACTICAR

consejo

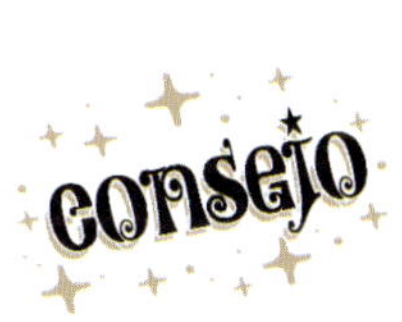

Practica dibujando una composición de lettering que aparece en este libro en un estilo diferente al original. Así aprenderás a ampliar tu repertorio artístico y ganarás versatilidad.

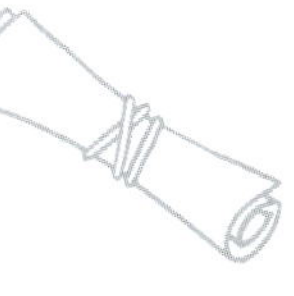

PÁGINAS PARA PRACTICAR

A B C D E F

G H I J K L M

N Ñ O P Q R S

T U V W X Y Z

Los detalles más sutiles pueden cambiar completamente la apariencia de una letra. Experimenta añadiendo diferentes detalles en las mismas letras. Fíjate en cómo cambian según los acabados que les pongas.

PÁGINAS PARA PRACTICAR

A B C D E F

G H I J K L M

N Ñ O P Q R S

T U V W X Y Z

CONSEJO

¿Buscas inspiración? Prueba a ver una película de Harry Potter mientras creas tus letterings e ilustraciones. El objetivo es llenar la siguiente página con criaturas, nombres, citas y frases. ¡Diviértete!

PÁGINAS PARA PRACTICAR

Draco Malfoy

Harry Potter

Blaise Zabini

Pomona Sprout

Consejo

Al crear una composición de lettering, siempre hay que tener en mente la jerarquía. Combinar palabras de diferentes tamaños hará que el resultado sea más equilibrado y atractivo.

SOBRE EL AUTOR

Jay Roeder es ilustrador, autor y artista especializado en lettering. Vive en Minnesota y trabaja desde casa junto a sus carlinos, que se sientan en su escritorio mientras él procrastina, bebe café y (a veces) trabaja. Jay estudió Diseño gráfico e Ilustración en la Sacred Heart University y lleva más de diez años trabajando como diseñador e ilustrador *freelance*.

Jay ha trabajado para empresas como National Geographic, Hilton, American Greetings, Ray-Ban, Nike y Facebook. Su arte se caracteriza por combinar letterings llamativos con temáticas *vintage* y el humor de los chistes malos. *Harry Potter: Lettering mágico* es su tercer libro.

Si quieres saber más sobre el autor o sus proyectos, puedes visitar su web o seguirlo en redes sociales:

jayroeder.com | **@jayroeder**

AGRADECIMIENTOS

No estaría donde estoy ahora sin el apoyo y la guía que me han proporcionado muchas personas por el camino. Quiero dar las gracias a todos aquellos que me han empujado e inspirado creativamente y que me han ayudado a hacer realidad este libro:

Warner Bros., **Thunder Bay Press** y **BlueRed Press**, por creer en mí y hacer que mi tercer libro vea la luz. Estoy muy orgulloso de todo lo que hemos logrado.

Nikki, por llevar en tu vientre a nuestra hija mientras yo escribía. Eres una esposa increíble y serás una madre increíble. Estoy deseando criar a nuestra hija juntos. Te quiero.

Payton, que naciste hace apenas unas semanas, has cambiado mi vida a mejor de formas que jamás habría imaginado. Persigue tus sueños. El mundo es tuyo, pequeña.